배려 깊은 사랑이
행복한 영재를 만든다

배려 깊은 사랑이 행복한 영재를 만든다

초 판 1쇄 발행 2006년 6월 20일
초 판 45쇄 발행 2023년 3월 7일

지은이 최희수
펴낸이 김은선

펴낸곳 초록아이
주 소 경기도 고양시 일산서구 주화로 180 월드메르디앙 404호
전 화 031-911-6627
팩 스 031-911-6628

등 록 제 410-2007-000069호 (2007. 6. 8)
ISBN 978-89-92963-77-0 13370

푸른육아는 도서출판 초록아이의 임프린트로 육아서 브랜드입니다.

- 잘못된 책은 바꾸어 드립니다.
- 푸름이닷컴(www.purmi.com) 홈페이지를 방문하시면
  푸름이 부모님의 육아 상담 및 생생한 육아 정보를 무료로 보실 수 있습니다.

배려깊은 사랑이 행복한 영재를 만든다

최희수 지음

푸른육아

지성과 감성이 조화로운 아이로 키우는 실천적 지침!

강연이 끝나고 나면 수많은 엄마들에게서 아이를 키우는 것에 대한 질문을 받는다.

"그렇게 예쁘고 순했던 아이가 이제는 말끝마다 싫다고 떼를 쓰고 화를 내요."

"도대체 어느 장단에 맞추어야 할지 모르겠어요. 이랬다 저랬다 아이를 키우는 것이 너무 힘들어요."

"일주일만 바닷가에 갔다오면 살 것 같아요. 아이 때문에 지치고 미치겠어요."

대화가 어느 정도 진행되면, 아이 키우기를 힘들어하는 대부분의 엄마들은 아이의 발달 과정과 심리에 대해 너무도 한정된 지식과 편견을 갖고 있다는 것을 알 수 있다.

수천 회가 넘는 강연을 하면서 그리고 수많은 부모들을 만나면서 깨달은 것이 있다. 아이는 지적·정서적으로 한 단계 성장하기 위한 준비 단계로 자신이 누구인가를 알기 위해 부모가 갖고 있는 가치와 욕구를 부정하는 행동을 한다. 그런데 부모는 자기 아이가 잘못한다고 생각하고 심하게 야단을 치거나 벌을 줌으로써 부모와 자식 관계를 힘들게 하고 있다는 것을 말이다.

이 세상에 부모를 힘들게 하기 위해서 태어난 아이는 하나도 없다. 단지 아이가 어떤 단계를 거쳐 심리적인 발달을 이루어 가는지 알지 못해 무조건적으로 순종하게끔 해서 문제가 생기는 것이다. 또는, 너무도 사랑해서 진심으로 아이를 위해 했던 행동이지만, 무지했기에 오히려 아이의 발달을 억제하며 반항아로 키우고 있는 것이다.

지금껏 스테디셀러로 자리매김한 《푸름이 이렇게 영재로 키웠다》와 《아이 내면의 힘을 키우는 몰입독서》를 읽고 푸름이를 키워 온 방식 그대로, 아니 오히려 나름대로 독창성을 발휘해 아이에게 적용시킨 엄마들을 만날 때면 너무도 빠른 아이의 발달에 깜짝 놀라곤 한다.

"생후 7개월을 넘겼을 뿐인데, 자기가 좋아하는 자동차 책을 뽑아 와서는 읽어 달라고 해요."

"15개월에 스스로 한글을 읽더니, 6세인 요즘에는 심심할 때면 엄마가 읽던 책까지 읽고 있어요."

이런 엄마들은 아이의 마음을 속속들이 잘 알고 있기 때문에 아이와 일상에서 부딪치면서 힘겨루기를 하는 데 에너지를 소비하지 않는다. 또한 아이는 부모의 사랑과 배려 속에서 내면에 있는 위대한 힘을 자신이 좋아하는 분야로 쏟으면서 성장하고 있다. 그것이 우리의 눈에는 빠른 발달로 보이는 것이다.

부모가 아이의 발달 심리를 이해하고 공감해 주는 순간 아이는 부모에게 협조한다. 아이를 키우는 일이 지겨운 게 아니라 행복한 것이 되는 것이다.

"푸름이교육만큼 쉬운 것이 없더군요. 그리고 이렇게 섬세하게 반응하고 배려하는데, 행복한 영재가 안 된다면 그것이 더 이상한 일이에요."

내 강연을 듣고 수많은 육아 관련 도서를 읽으면서 자녀를 키웠던 이 엄마의 말처럼 부모가 아이의 발달을 방해하지 않으면 아이는 스스로 성장한다.

나는 천권이 넘는 육아서와 심리서를 읽었지만, 여기저기에 실려 있는 단편적인 지식만으로는 아이의 발달 심리에 관한 온전한 그림을 그릴 수 없었다. 아이의 발달에 관한 이론은 풍부했으나, 그 이론들을 현실 상황에 그대로 적용시킬 수도 없었다. 몇 살에 평균적으로 어떤 발달을 보인다고 책에 나와 있었지만, 아이가 갑자기 떼를 쓰고 막무가내로 울어댈 때면 어떤 이론이 맞는지 알 수 없었다.

그나마 아이가 그 나이에 왜 그렇게 행동하는지는 첫째 아이 푸름이가 성장하면서 가르쳐 주었다. 푸름이의 성장을 일관되게 관찰하면서 많은 것을 배웠고, 강연을 통해 그 이해의 폭과 깊이가 넓어지고 깊어졌다.

'하늘 아래 진정 새로운 것은 없단 말인가!' 이미 30년 전에 국내에서 발간되어 오래 전에 절판된, 미국의 저명한 심리학자이자 교육학자인 F. 닷슨 박사가 쓴 책《How to Parent (부모 되기)》의 번역서를 읽으면서 나는 수없이 되뇔 수밖에 없었다. 어떻게 이토록 생각이 일치할 수 있는지, 시대와 장소를 뛰어넘어 아이를 키우는 데는 일정한 법칙이 존재하는 게 아닌지 의구심이 들 정도였다.

푸름이를 키우면서 하루도 빠짐없이 공부하며 발전시켜 온 생각과 수천 회가 넘는 강연과 더불어 엄마들을 만나면서 깨달았던 모든 것이 F. 닷슨 박사의 책에 다 실려 있었다. 뛰어난 학자일 뿐 아니라 30년간 유치원을 직접 운영하면서 얻은 실질적인 지식이기에 출발은 달랐지만 한 점에 와서 만난 것이 아닌가 싶을 정도였다. 정말 몇십 년을 뛰어넘어 지금 그대로 실천할 수 있는 살아 있는 발달 심리의 교과서였다.

푸름이를 키울 때 이런 책이 존재하고 있다는 사실만 알았어도 그 많은 시행착오를 겪지 않았을 것이라 생각하니, 책을 읽으면서 억울하기까지 했다.

너무 좋은 책이 오랫동안 절판되어 있는 것이 안타까웠다. 조금이라도 빨리 이 땅의 엄마들이 이 책을 읽게 된다면 아이를 키우기가 그만큼 수월해질 것 같은 마음에 사방으로 저작권자를 찾았으나 출간된 지 너무 오래된 책이라 어디에서도 찾을 수가 없었다.

이 좋은 책을 그대로 놔둘 수는 없었다. 푸름이를 키워 온 철학과 일치하는 F. 닷슨 박사의 근본 철학은 유지하되, 박사가 책을 쓴 지 30년이 지나면서 새롭게 밝혀진 최근의 발달 이론을 추가하고, 엄마들이 가장 고민하는 육아 문제를 발달의 각 단계마다 실어 새롭게 책을 쓰기로 결심하였다.

아이의 발달을 이해하고 있으면 교육은 걸림 없이 물 흐르듯 흘러간다. 부모가 아이를 영재로 만들겠다는 마음이 강하면 반드시 부작용이 따른다. 하지만 부모가 아이의 눈빛을 읽으면서 아이의 행동이 어떤 의미를 갖는지 이해하고 사랑과 배려로 키운다면, 아이는 다른 사람을 배려하는 따스한 마음을 가진 행복한 영재로 성장할 거라고 굳게 확신한다.

푸름아빠 최희수

| 차 례 |

5장 취학 전 시기(36~72개월)

1장

●

육아는 과학이다

부모가 된다는 것은 과학적으로 밝혀진 모든
정보를 이용하여 지적·정서적으로 안정된
행복한 인격체를 만들어 내는 것을 의미한다.
이를 위해 따뜻한 가슴과 넘치는
애정으로 아이를 있는 그대로
받아들이고 보살펴야 한다.
이것은 복잡하고 어려운 일이지만,
한편으로는 세상에서 가장
흥미로우면서도 보람 있는
일이라 할 수 있다.

●● 결혼을 앞두고 있거나 자녀를 임신한 상태에서 이 책을 읽는다면 아이 키우기가 한결 수월해질 것이다. 그러나 이 책을 읽는 것만으로 육아의 전 과정을 배울 수 있는 것은 아니다. 운전면허 시험에 통과했다고 해서 실제로 운전을 잘하는 것은 결코 아니기 때문이다.

이 책은 아이의 마음을 읽는 가이드는 될 수 있지만, 책의 내용을 아이들 하나하나에게 그대로 적용시킬 수 있는 것은 아니다. 전체적인 줄거리와 흐름은 어느 아이에게나 동일한 상태로 적용되겠지만, 우리 아이는 이 세상의 어떤 아이와도 다른 오직 하나밖에 없는 고유하고 개성적인 존재이기에, 똑같은 원리에도 아이는 다르게 반응할 수 있다.

따라서 이 책이 주는 정보와 엄마가 아이의 눈빛을 보면서 느끼는 것이 다르다면, 책이 주는 정보보다 엄마의 직감을 따라가는 것이 현명하다. 글로는 다 설명할 수 없는 부분이 분명 존재하기 때문이다.

이미 아이 엄마가 되었다면 이 책을 읽으면서 '책을 좀 더 빨리 읽었더라면 아이가 걸음마를 할 때 그런 바보짓은 안 했을 텐데! 지금 같으면 좀 더 잘할 수 있을 것 같아.' 하는 후회의 마음이 들

어도 자책은 하지 말았으면 한다. 부모 되는 법을 어느 누구에게
도 배우지 않고 이만큼 할 수 있다는 것 또한 쉬운 일은 아니기
때문이다.

아이를 키우면서 누구나 시행착오를 겪는다. 그 시행착오 때문
에 자신이 나쁜 부모라고 자책하는 것은 좋은 부모가 되는 데 전
혀 도움이 되지 않는다. 지금 자녀를 잘 키우기 위해 부모로서 할
수 있는 것에 전력을 기울이면 된다.

언젠가 아이는 활을 떠난 화살처럼 부모의 곁을 떠나갈 것이
다. 그때까지 부모로서 아이를 위해 할 수 있는 모든 것을 하면
되는 것이다. 우리 부모님이 그랬던 것처럼 말이다. 아이들은 그
런 부모의 노력을 사랑으로 느낀다. 지금 이 책을 읽는 것 자체가
부모의 역할을 충실히 수행하며 자녀를 잘 키우기 위해 노력하고
있다는 증거이다.

아이의 발달에는 일정한 법칙이 있다

부모가 된다는 것은 과학적으로 밝혀진 정보를 이용하여 지적으로 그리고 정서적으로 안정된 행복한 인격체를 만들어 내는 것을 의미한다. 이를 위해 따뜻한 가슴과 넘치는 애정으로 아이를 있는 그대로 받아들이고 보살펴야 한다. 이것은 복잡하고 어려운 일이지만, 한편으로는 세상에서 가장 흥미로우면서도 보람 있는 일이라 할 수 있다.

엄마들을 만날 때면, 육아는 과학이라는 생각이 더욱 강하게 다가온다. 아이에게 동일한 환경이 주어지면 동일한 결과가 나온다는 사실을 너무 자주 현장에서 경험하기 때문이다.

아이가 성장함에 따라 일정한 시기가 되면 누구나 특징적인 심리 상태를 보인다. 이때 부모가 아이의 행동이 어떤 의미인지를 이해하고 그에 맞게 적절한 반응을 보여 준다면, 아이는 모든 면에서 한계가 없는 무한계 인간으로 성장하고, 가능성을 마음껏 발휘하며, 감사의 마음으로 삶을 즐기는 행복한 사람이 된다.

아이가 성장하기에 적절한 환경을 만들어 주기 위해서는, 부모가 각 발달 시기마다 변화가 심한 아이의 마음을 읽을 수 있는 심리학자가 되어야 하며, 최초의 교육자 역할을 해야 한다.

그러나 현실적으로 이것을 가르쳐 주는 곳은 없다. 부모가 되었다는 사실만 가지고 알 수 있는 영역도 아니다. 끊임없이 자신을 대면하고 성찰해야만 알 수 있는데, 대부분의 부모들은 아동 심리학이나 교육자로서의 교육을 받지 못한 상태에서 아이를 갖게 된다.

부모가 된다는 것은 자신이 성장하며 배우는 과정이다. 배움에는 항상 시행착오가 존재한다. 이 시행착오를 줄이기 위해서는 선배들의 경험에 귀 기울이고, 그 경험을 잘 활용할 필요가 있다.

나는 푸름이를 키우면서 이것이 맞는지 그른지를 알기 위해 많은 에너지를 쏟아 부었다. 하지만 뒤에 따라오는 엄마들은 이미 알고 있는 함정을 피해 가면서 훨씬 풍부한 환경을 아이에게 만들어 줄 수 있다. 창문이 열려 있어야 바람이 들어오듯, 마음을 열어 놓고 순수한 마음으로 진지하게 먼저 경험한 사람의 경험과 지식을 받아들이기를 바랄 뿐이다.

엄마가 된 사람은 심리적 고통을 겪는다

엄마란 태어날 때부터 '모성애'와 '모성 본능'을 가지고 있어, 자연스럽게 아이를 사랑하고 기를 수 있다는 말들을 흔히 한다.

물론 아이에 대한 애정은 자연스럽게 우러나지만, 처음 엄마가 되었을 때 누구나 아이를 어떻게 키워야 할지 몰라 막막함을 느낀다. 아무리 많은 육아서를 읽고 좋은 강의를 들었다 해도, '모성애'와 '육아에 대한 지식과 경험'은 전혀 다른 분야일 수밖에 없다.

대부분의 엄마들은 조그만 생명이 자기에게 송두리째 맡겨졌음을 깨닫고는 깜짝 놀란다. 갑자기 무거운 책임감이 몰려들면서 자기가 너무 무력하다는 사실을 깨닫고는 불안해 한다.

게다가 아이를 낳은 다음에는 생리적으로 옥시토신이라는 애정 호르몬의 분비가 증가하면서 불안감이 가속된다. 이 호르몬은 누군가와 접촉하고 함께 있기를 간절히 요구한다.

따라서 엄마는 잠깐 아이를 두고 마트에 가려 해도 누군가에 의해 자신이 공격을 받거나 위험에 처해지면, 그 가냘픈 생명을 누가 보호해 줄까 싶은 마음에 일상에서 모든 것을 조심하게 된다. 또 혹시 있을지도 모르는 막연한 위험에 대한 공포를 느낀다. 그럴수록 아내는 남편이 옆에 있어 주기를 필사적으로 바란다.

그러나 남자는 아이가 태어나도 진정 아빠가 되었다는 현실감을 느끼지 못한다. 사실 아빠의 마음속에는 아이를 어떻게 대해야 하는지 몰라 막막함과 두려움이 있다. 대부분의 남편은 자기에게 쏠렸던 아내의 관심이 아이에게 집중되면서 자신을 아이의 아빠로 생각하기보다는 무의식중에 아이를 라이벌로 생각하는 경향이 있다.

나도 푸름이를 낳고 내가 아빠가 되었다는 사실을 실감하기까지 석 달 넘게 걸렸다. 푸름이 엄마는 함께 있어 주기를 간절히 원했는데, 철부지였던 나는 아내의 절박한 심정을 조금도 이해하지 못했다.

그리고 아내가 힘들다고 호소할 때마다 "당신은 불평하기 위해 태어난 사람 같아."라는 말로 아내의 가슴에 상처를 남겼다. 남편에게서 보호받지 못한 채 새끼를 품고 있는 어미의 상처를 이해하기에는 너무도 어리고 어리석은 나이였기 때문이다.

많은 아내들이 남편은 자유로운데 자기는 밤낮 가리지 않고 아이를 돌봐야 한다는 심리적 부담감을 느끼고 있다. 게다가 거울을 쳐다보면 미혼일 때와 달리 정체된 아줌마 같은 이미지, 그리고 밤낮으로 매달리는 아이를 나 몰라라 외면하는 철부지 아빠의 무관심과 질투로 인해 아이를 키우기 싫다는 감정까지 생길 수 있다.

한편으로는 아이를 사랑하지만 다른 한편으로는 아이에게 종종 혐오감을 느끼며, 그것이 다시 엄마인 자신에게 죄책감을 느끼게 하면서 우울증으로 발전하기도 한다.

처음으로 엄마가 된 사람이 아이에게 갖는 싫다는 감정은 아주 흔하고 자연스럽다. 이때 남편이 아내의 마음을 이해해 주고 좀 더 적극적으로 아내와 함께하기 위해 노력하면, 아이를 보살피는 데 익숙지 못한 시기를 지나면서 아내의 이런 감정들은 눈 녹듯 사라지고, 아이에 대한 애정 속으로 빨려 들어가게 된다.

아기는 매우 작고 약해 보이며 조금만 잘못해도 큰일이 날 것 같은 생각이 들지만, 점차 엄마가 생각한 것만큼 약하지 않다는 사실을 깨닫게 될 것이다. 아기들은 수천 년 전부터 미숙하고 서툰 엄마 밑에서도 잘 자라 왔다. 그러므로 당신의 아기도 역시 잘 자랄 것이다.

하지만 새로 엄마가 된 사람은 누구나 처음 2~3개월간은 이 '심리적인 고통의 세례'를 경험하지 않으면 안 된다.

이럴 때 같은 상황에 처해 있는 엄마들과 이야기를 나눈다면 마음의 위로가 될 뿐만 아니라, 경험이 풍부한 엄마들에게는 아이를 키우는 지혜를 얻을 수도 있다.

그렇다고 모든 것을 의존해서는 안 된다. 다른 사람의 경험을 통해 배울 수는 있지만, 그대로 내 아이에게 적용시키려 하면 부작용이 따른다. 아이는 자기 나름대로의 걸음마가 있다. 내 아이는 이 세상에 오직 하나라는 사실을 잊어서는 안 된다.

아이의 성장 단계를 재촉해서는 안 된다

아이는 이 세상에 하나밖에 없는 고유한 존재로, 부모에게는 잘 보이지 않는 자신만의 빛을 가슴에 간직한 채 태어난다. 우리 아이가 육아서에 묘사된 '전형적인 아이'와 다르게 발달한다고 해서, 마음속에 그리고 있는 이상형의 아이에 내 아이를 뜯어 맞추려고 해서는 결코 안 된다.

아이는 나름대로 자고 싶을 때 자고, 먹고 싶을 때 먹으며 자신만의 인생을 만들어 나간다. 아이들은 태어날 때부터 제 나름대로의 '생활 방법'을 갖고 태어나는 것이다.

따라서 부모는 아이가 태어나는 순간부터 개성을 존중하면서 아이가 내면의 힘에 의해 스스로 성장할 수 있도록 도와주어야 한다. 아이의 식사, 수면, 기질, 기분을 있는 그대로 받아들일 수 있다면, 아이가 자란 다음의 성장 단계에서도 그 생활을 받아들일 수 있다.

부모가 정해 놓은 틀과 기준에 아이를 맞추려 하면 아이는 격렬하게 저항하며, 키우기도 무척 힘들어진다. 그러나 부모가 아이를 자기 마음대로 뜯어고치려는 노력을 포기하면, 아이는 부모에게 협조하면서 부모의 어깨를 짓누르던 부담도 줄어든다. 아이 스스로 물이 흘러가듯 자연스럽게 발달할 수 있는 자유를 주는 것, 이것이 부모가 아이에게 줄 수 있는 최선의 선물이다.

아이들은 성장하면서 각기 다른 성장 단계를 거친다. 세계적인 베스트셀러 《아기의 지능은 무한하다》의 저자이며, 아동 두뇌발달 분야의 권위자인 글렌도만 박사는, 두뇌가 고차원적 단계로 발달함에 따라 아이의 성장 단계가 달라진다고 했다.

아이의 두뇌는 12개월까지는 발생기 피질, 18개월까지는 원시 피질, 36개월까지는 초기 피질, 72개월까지는 성숙 피질이 발달하면서 각각 다른 발달 특성을 보인다. 72개월까지의 성장 단계는 그 이후의 시기와는 분명 다른 모습을 보인다.

예를 들어 두 살과 세 살 사이에 일어나는 변화는 아홉 살, 열 살 사이에 일어나는 변화와는 비교가 안 될 만큼 엄청나게 큰 차이를 보인다.

아이들은 모두 일반적인 성장 단계를 거치지만, 아이들 개개인에게는 나름대로의 속도와 방법이 있다. 어떤 아이가 1년 걸린 단계를 다른 아이는 6개월밖에 걸리지 않을 수도 있다.

아이는 각각의 단계를 모두 거치면서 성장한다. 부모가 재촉한다고 해서 단계를 뛰어넘어 성장하는 것이 아니다. 또한 각각의 성장 단계는 다음 단계의 초석이 된다.

이런 인간 발달 단계는 지난 수십 년간 행동 과학자들의 연구 결과에 의해 밝혀졌다. 72개월 이내에 아이가 자기 자신에 대해 어떤 자화상을 그렸느냐에 따라 아이의 개성에 대한 기초가 형성되면서, 그 이후의 삶과 미래가 확연히 달라진다.

인생에서 삶이 행복한지 그렇지 못한지는 대부분 마음의 나침판 역할을 하는 자화상에 달려 있다. 이 책에서는 그 자화상이 72개월까지 어떻게 형성되는가를 말하고자 한다. 또한 아이가 건강하고 온전한 자화상을 갖기 위해 어떤 환경을 만들어 주어야 하는가를 이야기할 것이다.

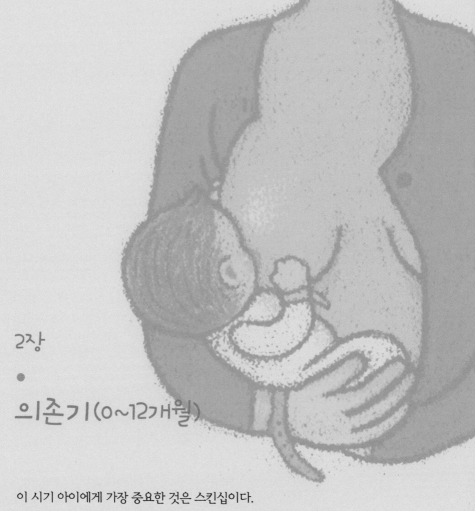

2장

●

의존기 (0~12개월)

이 시기 아이에게 가장 중요한 것은 스킨십이다.

스킨십을 받지 못한 아이는 자신에 대한 믿음을 갖지 못한다.

충분히 사랑받고 스킨십을 받은 아이는 자신이 충분히

사랑받을 만한 가치가 있다고 생각하고 자신을 믿게 된다.

자신을 믿는 아이는 호기심을 갖고 세상에 대한 탐색을 시작한다.

의존기

●● 처음 아이가 태어나면 하루 20시간 이상 잠을 자며 보낸다. 잠에서 깨면 젖을 먹고 기저귀를 갈고 목욕을 하면 다시 잠드는 아이를 보면서, 엄마는 저렇게 어린아이가 무엇을 배울까 하는 마음에 아이가 인생에서 가장 중요한 시기를 보내고 있음을 알지 못한다.

아이는 태어나는 순간부터 배우기 시작한다. 태어나면서부터 72개월이 지날 때까지 아이는 크게 의존기(0~12개월), 걸음마 시기(12~18개월), 제1반항기(18~36개월), 취학전 시기(36~72개월)라는 성장 단계를 거치면서 자란다.

의존기는 아이가 태어났을 때부터 걸을 수 있을 때까지를 말하는 것이다. 대부분의 아이들은 12개월을 전후해서 걷지만 빨리 걷는 아이는 9개월까지, 늦게 걷는 아이는 16개월까지가 대략 이 시기에 해당된다.

아이가 세상을 보는 시각인 자화상을 안경에 비유한다면, 아이는 성장 단계마다 새로운 렌즈를 하나씩 그 안경에 덧붙여 나가며 자란다.

의존기 시기에 덧붙이는 렌즈는 인생에 대한 기본 개념인 '세상을 믿을 것인가, 아니면 믿지 못할 것인가?'에 대한 개념을 습득하게끔 해 준다. 정신 분석 학자 에릭슨은 이것을 인생에 대한 기본적인 신뢰감과 행복감 또는 불신감과 비애감을 배우는 시기로 정의하였다.

아이가 신뢰감과 행복감을 발전시키느냐 못 시키느냐는 전적으로 부모가 아이에게 주는 환경에 달려 있다. 아이가 걷는 것을 배우면 주변의 환경을 지배하기 시작하지만, 걷기 전인 인생의 첫 1년은 전적으로 부모에게 의존하기 때문이다.

부모가 주는 환경에 의해 12개월까지 아이가 낙관적인 렌즈를 안경에 붙이면 낙관적인 어른이 되고, 비관적인 렌즈를 덧붙여 나간다면 모든 일을 비관적으로 보는 어른이 된다.

따라서 의존기에 아이에게 주어야 할 환경은 아이가 기본적으로 필요로 하는 욕구를 마음껏 충족시켜, 잠재적으로 가지고 있는 가능성을 최대한 성취시킬 수 있어야 한다. 아이의 눈빛을 보면서 일관되게 아이의 형편을 우선하고, 풍부한 자극과 조용함이 어우러지는 환경을 만들어 주어야 하는 것이다.

아이의 눈빛을 보고
아이가 울면 즉시 반응한다

아이가 배고파 하면 주저하지 말고 젖을 먹여야 한다. 모유를 먹이면 좋지만, 모유가 나오지 않아 우유를 먹인다고 해서 죄책감을 가질 필요는 없다. 다만 우유를 먹일 때는 모유를 먹일 때처럼 아이를 꼭 껴안아 따뜻함을 느끼게 해주는 것이 좋다.

생후 4개월의 아이는 배가 고파 잠에서 깬다. 배가 고플 때 젖을 주면 아이는 만족해 하며 잠들면서 '젖을 먹는다는 것은 참으로 기분이 좋아.', '엄마의 품속이 참 따뜻해.', '이 세상은 근사한 곳이야. 배가 고프면 곧 젖을 먹을 수 있으니까.'라는 느낌을 갖게 된다.

그러나 엄마가 이 자연적인 리듬을 무시하고 정해진 시간에 규칙적인 수유를 하면, 아이는 배가 고플 때 젖을 먹지 못하므로 자신이 알고 있는 유일한 방법인 우는 것으로 배고픔을 호소한다.

젖을 주지 않는 시간이 길면 길수록 아이는 더욱 큰 소리로 줄기차게 울면서 배고픔을 호소한다.

'이 세상은 결코 좋은 곳이 아니야. 이렇게 울면서 배가 고프다고 하는데 아무도 먹을 것을 주는 사람이 없으니 말이야. 나는 이제 더 이상 참을 수 없어. 엄마도 이 세상도 다 싫어!'

이런 상황이 반복되면 아이는 더욱더 악을 쓰고 울면서 반항하든가, 아니면 자기가 필요로 하는 것을 단념하든가 둘 중의 하나를 선택하게 된다.

반항을 선택한 아이는 훗날 절대로 단념하지 않는 아이가 되어 주위 사람들로 하여금 무슨 일이 있더라도 자기에게 주의를 돌리게 하려고 떼를 쓰는 아이가 된다.

단념을 선택한 아이는 무엇을 해도 소용없다는 생각을 가진 무기력한 아이로 성장한다. 어느 것을 선택하든 인생에 대한 불신을 먼저 배우게 된다.

반면 의존기 시기에 원하는 것을 부모로부터 얻은 아이들은 정서적으로 안정되어, 자란 다음에 부모를 힘들게 하지 않는다.

아이가 울 때는 반드시 이유가 있다. 부모에게 무엇인가 메시지를 전하려 하는 것이므로 즉각 반응해 주는 게 좋다.

아이가 울면 먼저 젖을 주어야 한다. 토해 내거나 거절의 반응으로 젖을 먹고 싶지 않다는 것을 표시하면, 아이는 배가 고파 우는 것이 아니라 다른 이유가 있는 것이다.

아이의 소화 기관은 아직 불완전하기 때문에 위통이나 복통으로 우는 일도 가끔 있다. 이럴 때는 부드럽게 배를 쓰다듬어 주거나 더운 물을 마시게 하면 된다. 대체로 따뜻하게 껴안아 주면 아이는 배가 아프더라도 울음을 그친다.

아이의 울음은 크게 엄마와의 접촉을 원하거나 졸려서 우는 울음, 아프거나 긴급함을 알리는 울음으로 구분할 수 있다. 귀에 거슬리는 소리나 악을 지르며 내는 새된 소리가 없으면 대개 접촉을 원하는 울음이다. 이때 엄마가 안아 주면 울음을 그치거나, 2~3분만 지나면 곧 잠들기 때문에 크게 걱정할 필요는 없다.

그러나 갑자기 울기 시작하고 첫 울음 소리를 길게 끌면 아파서 우는 것일 수 있다. 졸리거나 접촉을 원하면 아이의 울음은 '와아, 와아, 와아!'와 같이 리드미컬하지만, 아파서 우는 울음은 첫 울음 소리가 바늘에 찔렸을 때 '아야!' 하고 외치는 것처럼 불에 덴 듯한 소리이다. 첫 울음 소리와 두 번째 울음 소리와의 간격이 긴 것은 다음 소리를 위해서 많은 공기를 들이마시기 위한 것으로, 그런 뒤에는 울음 소리가 쉬지 않고 이어진다.

긴급함을 알리는 울음 소리는 우는 속도가 빠르기 때문에 절박한 느낌을 준다. 매우 귀에 거슬리는 울음 소리라서 처음 듣는 사람도 무언가 이상하다고 느끼게 마련이다.

어떤 울음이든 그것은 아이가 부모에게 보내는 메시지이다. 아이가 울음으로 호소하고 있는 것을 무시하는 것과 반대로 왜 우는지 주의를 기울이는 것은, 아이가 느끼는 행복감에 있어 큰 차이가 난다. 그래서 아이가 울면 3초 이내에 달려가는 것이 중요하다. 아이가 우는 것은 어떤 욕구의 표현이기 때문이다.

부모가 3초 이내에 달려가면, 아이는 달려오는 발자국 소리를 들으면서 자신의 욕구에 부모가 반응해 준다는 사실을 알게 된다. 이것은 아이의 자기 예측력을 증가시키고, 온전한 자아 발달을 촉진한다.

한편 아이는 충분히 수면을 취하고 나면 잠에서 깬다. 아이의 청각은 태어날 때 이미 발달되어 있기 때문에 너무 시끄러운 소리로 아이를 놀라게 해서는 안 된다. 그렇다고 아이를 재우기 위해 집 안에서 발소리가 나지 않게 걷거나 이야기를 나눌 때 속삭일 필요까지는 없다. 그러면 오히려 조용한 곳이 아니라면 잠을 잘 수 없는 아이가 될 가능성이 크다. 아이가 있더라도 평상시처럼 할 일을 하고 다른 방에 라디오나 TV를 켜 놔도 상관없다.

갓 태어난 아이는 젖을 주면 잠이 들기 때문에 별 문제가 없다. 하지만 시일이 지남에 따라 젖을 먹은 다음에도 깨어 있는 시간이 길어지고 낮과 밤이 바뀌기도 하는데, 이때는 아이 키우기가 무척 힘들어진다.

더구나 밤중에 깨어 이유도 없이 울어대면서 아무리 안아 주고 달래 주어도 울음을 그치지 않는 경우가 있다. 이 때 졸린 눈을 비비며 아이를 달래다 지친 나머지 엄마도 자제력을 잃게 된다.

몹시 화가 나 아이를 흔들면서 "그만 울고 제발 좀 자!" 하고 소리 치고 싶은 마음이 목까지 치밀어 오른다.

그럴 때면 아이를 놔 두고 도망가고 싶기도 하고, 신경질이 나 거나 노여움을 느끼게 되는데, 이러한 감정을 느끼는 것은 인간 으로서 당연한 일이므로 죄책감을 가질 필요까지는 없다.

그러나 자제심을 잃고 아이를 때린다면 문제가 있는 행동으로 전문의의 도움을 받는 것이 좋다.

아이가 밤에 울면 무조건 최선을 다해 달래 주어야 한다. 우리 부부는 푸름이를 키울 때 남의 집에 살았기 때문에 밤에 아이가 울면 이불로 둘러업고 밖으로 나갔다. 푸름이의 욕구에 빨리 반 응해 주기 위해 옷을 입히는 시간마저 줄이려고 이불로 아이를 감싸 안은 것이다. 나는 아이를 둘러업고 푸름이 엄마는 내 뒤를 따르면서 동네를 돌았다.

너무 힘들어 집으로 방향을 돌리면 어떻게 알았는지 아이는 금 세 다시 울음보를 터트리곤 했다. 할 수 없이 다시 동네를 돌면서 아이가 완전히 곯아떨어진 뒤에야 집에 들어왔다.

그때는 푸름이가 무척 까탈스러웠는데 부모의 절대적인 사랑 을 통해 자신의 욕구가 마음껏 충족되어서 그런지 지금은 무척 낙천적인 성격으로 변했다.

한 엄마가 상담을 요청해 온 적이 있었다. 아이가 밤중에 얼마 나 울고 보채는지 아이를 달래면서 자신도 울고 아이도 운다는 것이다. 아이가 울면 언제나 아이를 달래 줘서 버릇이 없어 그런 게 아닌가 싶어, 계속 달래 줘야 할지 아니면 무관심하게 놔 두어야 할지 고민이라기에 3초 이내에 달려가서 달래 주라고 조언해 주었다.

엄마의 부지런한 노력 덕분에 그 아이는 이제 웬만해서는 울지도 않는, 아주 밝고 느긋하며 발달이 무척 빠른 아이로 성장하고 있다.

한밤중에 보채고 울 때는 어떻게 해야 할까요

밤중에 울리지 않으려고 한 번 젖병을 물려 주었더니 습관처럼 일어나 맘마를 달라고 울어댑니다. 젖병을 오래 빨면 고집도 세지고 남에게 의지하는 마음도 커진다는데 걱정입니다. 점점 떼도 많이 쓰고, 안아 달라고 하고 요구 사항이 많아지네요.

[ID 가영]

아이는 먹고 싶을 때 먹고, 자고 싶을 때 자야 합니다. 그래야 '세상은 참 좋은 곳이구나. 엄마는 언제나 나를 잘 보살펴 줘.' 하며 만족하게 되지요.

아이가 밤중에 깨서 울 때는 필요한 것을 달라고 요구하는 것입니다. 그런데 이것을 거부하면 어떤 아이는 줄기차게 울면서 계속 자신의 욕구를 호소하기도 하고, 어떤 아이는 울다가 울음을 그치기도 하지요.

계속 우는 아이들은 훗날 자라서도 무엇이든 들어줄 때까지 줄기차게 요구하며, 그것이 충족되지 않으면 뒤집어질 것입니다. 또 울다가 지쳐 잠드는 아이는 아무리 요구해도 들어주지 않으니 그저 시키면 시키는 대로 하는 순종적이고 복종적인 아이로 성장하게 되지요.

엄마가 엄격해서 아이가 제대로 요구하지 못한다면, 아이의 욕구는 억압에 의해 좌절되어 더 이상 반응하지 않습니다. 그런 상태가 지속되면 아이는 세상에 대한 불신으로 가득 차 자신의 능력을 발전시키지 못하고 무엇을 해야겠다고 시도도 하지 않지요. 겉으로 보기에는 착한 아이처럼 순종하므로 엄마는 편합니다. 하지만 아이는 발달을 제대로 이루지 못한 스트레스를 갈무리하다가 사춘기가 되면 폭발적으로 튀어나오게 됩니다.

눈앞에 보이는 것만이 교육은 아닙니다. 보이는 것 뒤에 있는 아이의 마음을 잘 읽어야 하지요. 안아 주고 업어 주는, 인간 본성의 기초에서 갈구하는 욕구가 충족될 때 비로소 아이는 행복하게 성장한답니다.

풍부한 스킨십을 통해
사랑받고 있음을 느끼게 한다

이 시기 아이에게 가장 중요한 것은 스킨십이다. 스킨십을 받지 못한 아이는 자신에 대한 믿음을 갖지 못한다. 충분히 사랑받고 스킨십을 받은 아이는 자신이 충분히 사랑받을 만한 가치가 있다고 생각하고 자신을 믿게 된다. 자신을 믿는 아이만이 호기심을 갖고 세상에 대한 탐색을 시작한다.

프러시아의 황제 프레데릭 2세가 아이에게 스킨십을 빼앗으면 어떤 결과가 생기는지에 대한 실험을 한 적이 있다. 인류 최초의 언어가 무엇인지 알고 싶었던 그는 태어난 아이에게 말을 걸지 못하게 하고 접촉도 하지 못하게 했다. 아무런 자극이 주어지지 않았을 때 아이가 처음 하는 말이 인류 최초의 언어이고, 그 언어는 틀림없이 헤브라이 어나 그리스 어, 라틴 어 가운데 하나일 것이라고 생각했다.

불행하게도 이 실험대에 오른 모든 아이들은 일찍 죽고 말았다. 스킨십이나 '엄마다운 따뜻한 보살핌'을 못 받았기에 죽은 것이다. 아이는 밥만 먹여 준다고 제대로 크는 게 아니다.

부모는 충분히 아이를 껴안고 사랑해 주어야 한다. 많은 엄마들이 "아이가 울 때마다 안아 주면 응석받이가 되지 않을까요.", "어쨌든 아이는 가능한 일찍, 이 세상은 언제나 자기 뜻대로 되는 게 아니라는 것을 배워야 해요."라고 하면서 응석을 받아 주지 않는다.

그러나 유아적인 행동에서 벗어날 수 있는 다섯 살 아이가 언제나 응석을 부린다면 엄마가 단호함을 보여줘야 하겠지만, 의존기 아이에게는 무조건 응석을 받아 주어야 한다.

이때는 아무리 많이 사랑을 주어도 아이를 절대로 버릇 없게 만들지 않는다. 부모가 아이를 안고 스킨십해 줄 때 아이는 자신이 사랑받고 있음을 느낄 뿐만 아니라, 이때 부모와의 관계가 훗날 다른 사람과 맺는 관계의 초석이 된다. 사회성의 기초는 바로 부모와 자식 간의 원만한 관계에서 시작되는 것이다.

아이와의 관계가 원만하다면, 그래서 아이가 자신이 필요로 하는 것을 부모가 충족시켜 주고 있다고 느낀다면, 아이는 세상에 대한 믿음을 갖게 된다. 이렇게 자란 아이는 돌이 될 무렵에는 확고한 자화상과 세상을 편견 없이 바라보는 기초가 다져진다.

이 시기는 아빠가 아이와 친밀한 관계를 맺을 수 있는 황금기이기도 하다. 사실 아빠는 아이를 어떻게 키워야 할지 몰라 막연한 두려움과 무력감을 느낀다. 보통의 남편은 남자로서 어릴 때부터 그러한 두려움과 무력감이 다른 사람에게 알려져서는 안 된다고 훈련을 받는다. 그렇기 때문에 아내에게 알려지는 게 싫어 아이 주위를 맴돌 뿐 아이와 친밀한 관계를 시도하지 않는다.

특히 아버지가 엄격하고 애정 표현이 서툰 집안에서 성장한 남편은 자기 아버지로부터 물려받은, 바람직하지 못한 아버지 상을 그대로 흉내 낸다. 그런데 남편의 이러한 두려움과 무력감의 벽은 쉽게 깨어지지 않는다.

그러므로 의존기 시기에는 아내가 현명하게 개입해 주어야 한다. 남편에게 결여된 것을 찾아내어 수시로 아빠로서 아이에게 친밀감을 가질 수 있는 기회를 주면서, 대화로서 아빠를 교육의 장으로 끌어들여야 한다.

예를 들어 아빠가 아이를 안았을 때 아이가 울면 아빠는 당혹스럽다. 얼른 아이를 넘겨주고 돈버는 일에만 자신의 역할을 한정할 수 있는데, 그럴 때 아내는 "아이는 엄마 뱃속에 있을 때부터 억양과 리듬을 통해 부모의 말을 알아들어. 엄마의 고음은 자주 들어 친근하지만, 당신의 굵은 저음은 익숙하지 않아서 우는 거야. 조금 있으면 아이가 익숙해질 거야."라고 말해 줌으로써 남편의 두려움을 줄여 주어야 한다.

그리고 항상 아이의 발달을 남편에게 이야기하고, 뛰어난 발달이나 행동이 남편을 닮아서 그렇다고 칭찬해 주는 것이 좋다. 또한 아이에게 우유를 먹이거나, 등을 두드려 트림을 시키거나, 목욕을 시키거나, 기저귀를 갈아 주는 등의 엄마의 역할을 기꺼이 나누어 주고, 그런 것을 하려는 남편의 시도를 격려함으로써 남편이 훗날 아이와 친밀한 관계를 갖도록 도와주어야 한다.

엄마가 이러한 노력을 게을리 하고, 아빠는 '지금은 바빠서 할 수 없지만 아이가 좀 더 크면 잘할 수 있을 거야.' 하면서 무의식 중에 자신을 속이다 보면, 훗날 정말 아빠가 아이와 친밀한 관계를 원한다 해도 아이가 아빠를 거부하게 된다.

아빠와 친밀감 없이 아이가 다 자란 다음에는 아빠가 무슨 말을 해도 아이에게 아빠는 타인일 수밖에 없다. 이것은 아빠의 삶에 엄청난 불행이 아닐 수 없다.

그런 면에서 나는 푸름이를 안아 주기 위해 의존기 시기에는 겨울에도 웃옷을 벗고 스킨십을 했다. 자랄 때도 푸름이를 깨울 때는 딱따구리 뽀뽀라 하여 배꼽부터 시작해서 얼굴까지 올라가는 뽀뽀를 하면서 "박사님, 일어날 시간입니다!" 하면서 깨웠다.

아이와의 대화가 즐겁고, 아이가 아빠에게 절대적인 신뢰를 보이며, 안정된 정서를 갖게 되는 것은 스킨십의 결과라고 믿는다.

돌 이전의 교육은 어떻게 하나요?

이제 2개월에 들어선 아이를 둔 엄마입니다. 의존기 시기 교육이 중요하다고 하는데, 전 방법을 잘 모르겠습니다. 책 읽어 주고 이야기하고 이런 것을 말하는 건가요? 아니면 데리고 많이 돌아다니면서 이것저것 보여 주어야 하는 건가요?

[ID 태형엄마]

나이가 어리면 어릴수록 아이는 받아들이는 것이 빠르며 변화의 가능성이 큽니다.

대개 아이가 0~6개월 사이에는 잠자는 시간이 많은데, 잠에서 깨는 사이사이에 아이는 많은 것을 받아들이게 됩니다. 엄마의 발자국 소리부터 바람에 흔들리는 나뭇잎까지도 아이의 두뇌 발달을 촉진해 주지요. 이때 아이에게 다양하면서 풍부한 자극과 환경을 주어야 합니다.

가장 중요한 것은 스킨십, 즉 엄마와의 피부 접촉을 통해 아이가 정말로 사랑받고 있음을 느끼게 해주는 것입니다. 많이 안아 주고, 많이 비벼 주고, 마사지해 주세요.

그 다음으로 열심히 해야 하는 것은 아이가 이미 알아듣는다고 믿고 이야기를 나누어 주는 것입니다. 아이가 얼마나 다양한 어휘를 들었느냐에 따라 두뇌 발달이 달라지거든요.

일상의 모든 것이 교육입니다. 자연에 나가 꽃을 보고 만지며 계절의 변화를 느끼게 해 주는 것, 돌을 만지고 흙을 가지고 노는 것 등 모두가 학습이지요. 대개 유아용 교재나 책이 모든 것을 다 해결해 줄 것같이 말하지만, 그것보다 훨씬 중요한 것은 사랑받는 것입니다. 더불어 책이 없으면 다양하게 의식적으로 대화를 나눌 수 있는 이야깃거리가 없기 때문에 대화를 위해 책이 필요한 것이지요.

풍부한 자극으로 지성과 감성의
발달을 촉진시킨다

처음에 태어났을 때 아이는 이 세상에서 '자기'와 '자기가 아닌 것'을 구별할 수 없다. 아이가 '자기'라는 감각을 깨닫기까지는 몇 개월이나 걸린다.

조금 자란 아이가 손가락과 발가락을 움직이며 노는 것은 곧 '자기'라는 것을 발견한 기쁨을 나타내는 것이다. 아이는 자기가 마음먹은 대로 손가락과 발가락을 움직일 수 있다는 것을 알고 한동안 손가락과 발가락을 꼼지락거리며 놀곤 한다.

처음에는 희미했던 세계가 다양한 지적 자극을 통해 점점 또렷하게 그 모습을 아이에게 드러낸다. 유명한 교육학자인 프뢰벨의 말처럼 아이들은 보고 듣는 것이 많으면 많을수록 더욱더 보고 듣고 싶어지게 된다.

그런 면에서 아이의 지능은 부모가 생애 초기에 얼마나 풍부한 지적 자극을 주었느냐에 따라 달라지게 된다. 물론 유전이 영향을 미치기는 하지만, 유전은 아이 지능의 상한선과 하한선을 결정할 뿐이다. 아이의 지능이 상한선과 하한선 중 어느 위치에 자리잡느냐는 72개월 이내에 부모가 만들어 주는 환경에 의해 결정된다고 해도 과언이 아니다.

예를 들어 어떤 아이는 부모의 유전적인 요소가 매우 우수해서 지능의 하한선은 100, 상한선은 200으로 태어날 수 있고, 어떤 아이는 그보다 조금 떨어져서 지능의 하한선은 80, 상한선은 180으로 태어날 수 있다.

유전적으로 뛰어난 아이를 낳은 부모가 아이가 성장할 수 있는 최적의 초기 환경을 잘 이해하지 못해 풍부한 지적 자극을 주지 못했다고 하자. 그러면 아이의 최대 지능은 그 아이의 하한선인 100에 머무르고 만다.

반면 유전적으로는 조금 떨어지지만 초기 환경을 잘 이해한 부모는 부지런히 아이에게 지적 자극을 줌으로써, 그 아이가 발전할 수 있는 최대 능력인 지능이 180인 아이로 키울 수 있다.

즉 부모의 유전보다는 부모가 사랑과 배려로 아이를 키우면서 섬세하게 지적·정서적 자극을 주는 것이 가장 중요하다는 뜻이다. 결국 아이에게 잠재된 최대 지능이 천재의 지능이라 할지라도 부모에게서 풍부한 지적 자극을 받지 못하면 아이는 평균 이하의 지능에 머무를 수밖에 없다.

아이에게 풍부한 지적 자극을 줄 수 있는 가장 좋은 장난감은 부모이다. 부모가 아이를 쳐다보는 것, 아이와 즐겁게 대화를 나누는 것, 자연에 나가 신나게 자연을 경험시켜 주는 것, 아이를 칭찬해 주고 아이와 재미있게 노는 것, 열심히 책을 읽어 주는 것 등은 모두가 아이의 오감을 자극한다.

부모가 아이와 함께하는 시간은 순수해야 한다. 먼저 아이의 눈빛을 바라보아야 하는데, 이것을 상호 주시라 한다. 부모가 아이를 즐겁게 바라보는 것은 별로 특별한 일이 아닐 수도 있다. 하지만 아이에게 있어서는 다른 사람과 첫 번째로 맺는 관계를 의미한다. 이것이 발전되어 아이는 다른 사람과 관계를 맺으려면 상대를 배려하고 주의해야 한다는 협력의 기본을 배우게 된다.

엄마가 종종 전화 통화나 요리, 청소 등이 더 중요하다고 생각되어 아이와의 관계를 중단시키는 일이 있는데 그러지 말아야 한다. 아이는 본능적으로 자기가 엄마를 볼 때 엄마도 자기를 바라봐 주기를 원한다.

생후 4~6개월 사이에 중요한 것 중의 하나는, 아이가 보고 있는 것을 부모도 함께 바라보는 공통 인식이다. 아이가 흥분된 소리나 몸짓으로 장난감을 가리킬 때, 아이가 기대한 대로 부모가 아이의 시선을 좇아 아이의 신호나 몸짓을 정확하게 읽어 주면 아이는 여기서 협력을 배운다.

그러나 이 작업을 실패하면 아이가 아장아장 걷는 시기가 되었을 때, 다른 아이들과 협력하는 법을 알지 못한다. 그래서 장난감을 나누어 쓰지도 않고 혼자서 독차지하거나, 차례를 기다리며 서 있는 아이들을 밀치는 등 독선적인 아이가 된다. 뿐만 아니라 작은 일에도 화를 잘 내는 아이로 성장할 수도 있다.

아이에게 어떤 자극을 주어야 하나요?

2개월 정도 된 아이가 책을 본다고 하면 아이에게 꽤나 스트레스를 주는 극성 엄마라며 주위에서 핀잔을 줍니다. 우리 아이는 울다가도 책을 보여 주면 까르르 웃는답니다. 아이가 자극을 원하는데도 방치한다면 그 또한 엄마의 잘못이라고 봅니다.

아이가 요즘엔 통 자리에 누워 있지 않으려 합니다. 새로운 자극을 원하는 건지 육아에 살림에 하루가 빠듯하다 보니 육아서 한 번 들여다볼 시간이 없네요. 이 시기의 아이와 어떻게 놀아 주어야 하는지요?

[ID 청이]

부모보다 아이를 잘 아는 사람은 없습니다. 아이는 따라올 상황이 안 되었는데 엄마가 먼저 앞서가는 것도 문제지만, 아이가 받아들일 준비가 되어 있는데 자극을 주지 않는 것도 부모로서 직무 유기입니다.

남이 뭐라 하던 개의치 마세요. 아이가 어떤 상황인지, 지금 무엇을 원하는지에만 집중하세요. 아주 섬세하게 아이를 주목하고, 아이가 원하는 것을 해 주어야 합니다.

아이가 자리에 누워 있지 않으려 하는 것부터 시작해서 책을 보여 주면 집중하는 것 모두가 발달이 빠르다는 증거입니다. 엄마가 놀이에서 창의성을 발휘해 보세요. 쬠쬠도 좋고 곤지곤지도 좋고 일상의 모든 것이 아이에게는 놀이가 될 수 있습니다.

책을 꾸준히 보여 주면서 밖으로 데리고 나가 자연도 보여 주세요. 남편에게는 집 안이 지저분해도 이해해 달라고 부탁하고, 아이가 잠드는 시간에는 엄마도 자면서 체력을 비축하세요.

엄마가 아이의 발걸음을 따라가면서 아이가 집중할 수 있는 환경을 만들어 주고, 또 아이가 집중할 때 방해하지 않으면 삶을 즐길 수 있는 느긋하고 행복한 아이로 성장합니다.

많은 대화를 나누어 지적 자극을 준다

아이와 풍부한 대화를 나누는 것은 지적 자극을 주는 것이다. 말도 못하는 아이와 무슨 대화를 나눌까 싶지만, 엄마가 한편으로 엄마의 역할을 하고 다른 한편으로 아이의 역할을 하면서 대화를 나누면 된다.

푸름이 엄마가 푸름이를 안고 항상 했던 대화가 있다.

"너 몇 살이니?", "예, 한 살이에요."

"네 이름이 뭐니?", "예, 최푸름입니다."

푸름이가 머리가 좋아서 이것을 기억하는 것은 아니다. 수천 번을 반복했는데, 스펀지처럼 빨아들이는 아이가 그것을 기억하지 못할 리 있겠는가! 이런 반복을 통해 부모는 아이에게 기억의 기초를 만들어 주는 것이다.

아이에게 들려주는 말은 짧고, 분명하며, 듣기 좋은 소리면 된다. 더불어 음악적인 리듬감을 갖고 되풀이하면 아이는 부모가 내는 소리를 쉽게 포착하고 알아듣는다. 아이가 보는 그림책도 리듬감 있는 언어로 표현되어 있는 것이 좋다.

단어는 어른들이 사용하는 말처럼 정확해야 한다. 공을 '공'이라고 불러야지 '저것'이라고 모호하게 말해서는 안 된다. '여보세요'를 '어보쩨요'나 '안녕하세요'를 '안농하세요' 등 유아들처럼 발음하는 것도 피해야 한다.

아이의 관심 분야가 넓어지는 생후 4개월 이후부터는 '안녕', '아가'와 같이 짧고 간단하면서도 사람의 주의를 끄는 단어를 대화 도중에 자주 사용하면 좋다. 그 기분 좋은 울림과 쉬운 소리가 주의력이 산만하고 마음이 들뜬 아이를 대화 속으로 끌어들이기 때문이다.

생후 2~3주째부터 6개월까지는 언어 이전의 소리인 옹알이를 부모가 메아리처럼 받아 주는 것이 중요하다. 부모가 옹알이를 되받아 주면 아이는 부모가 자신뿐만 아니라 자신이 하는 말에도 관심을 가지고 있다는 사실을 알게 된다. 이로 인해 옹알이의 빈도가 높아지면서 아이의 발성 능력도 발달한다. 주위 사람들로부터 응답을 받으면 아이는 매우 기뻐하며 흥분한다.

아이가 태어난 후 3개월까지는 대개 수동적이고 얌전한 것이 보통이다. 그러나 3개월이 지나면 아이는 만지고 싶어 견딜 수 없는 기분을 드러내며 물건을 잡거나 모든 것을 만지려고 든다. 이

때는 목도 가눌 수 있으므로 추운 날씨가 아니라면 집이나 집 주변으로 안고 나가 꽃과 나무, 사물의 이름을 가르쳐 주면서 다양한 감각을 느끼도록 도와주어야 한다.

아이는 자연에 나가면 눈을 크게 뜨고 목을 뒤로 젖히면서 이 것저것 보려 할 것이다. 손으로 만지면서 부드러움과 딱딱함, 거칠거나 매끄러움, 젖었거나 마름과 같은 다양한 감각을 느끼게 하며 대화를 나누면 아이의 두뇌는 급속도로 발달한다.

생후 9개월쯤 되면 아이는 부모의 발성을 흉내 내는 새로운 능력을 발휘하기 시작한다. 이때 부모가 적극적으로 인형이나 장난감 전화 등을 가지고 흉내 내기 놀이를 해 줄 필요가 있다. 아이가 가지고 노는 장난감이 실제의 물건을 상징하듯, 언어도 하나의 단어가 하나의 대상을 상징하기 때문에 흉내 내기 놀이는 아이의 언어 발달을 촉진한다.

실제로 아이와 전화 놀이를 하면서 "아빠가 전화 받았네.", "아빠, 안녕 해 봐."와 같은 대화를 나누어 주면, 단순히 블록을 맞추는 놀이보다 훨씬 많은 말을 하게 된다. 뿐만 아니라 상징을 사용할 기회가 증가하기 때문에 아이의 언어 능력은 더 빠르게 발달한다.

엄마는 아이를 키우면서 아이가 보고 있는 것을 항상 이야기해 주어야 한다. 아이를 데리고 공원에 갔는데 아이가 쪼르르 움직이는 다람쥐를 보고 있다면 "네가 보고 있는 건 다람쥐란다."라고 이야기해 주는 것이 좋다.

또한 엄마의 행동을 아이에게 설명해 주는 것도 언어의 발달을 도와준다. 음식을 만들 때는 "우리 가족을 위해 지금 된장국을 끓이고 있어. 된장국에는 된장, 두부, 호박, 버섯 같은 재료가 들어간단다."와 같이 구체적으로 표현해 주면 아이의 지적 능력은 끊임없이 발달한다.

우리 부부는 푸름이를 키우면서 많은 대화를 나누었다고 생각했다. 그런데 이미 미국에서는 아기와의 대화가 학문적으로 정립되어 있다는 사실은 몰랐다.

푸름이를 데리고 목욕탕에 들어가면 목욕시키기에만 바빴지, 목욕을 시키면서 "비누, 샴푸!"와 같은 '이름 붙이기', "비누는 미끌미끌하지."와 같은 '묘사하기', "우리 목욕 후에 우유 먹자!"와 같은 '설명하기', "이 컵에는 저 컵보다 물이 많네."와 같은 '비교하기', "수건 좀 가져다 줄래?"와 같은 '지시하기' 등 구체적인 대화 방법이 중요하다는 것은 알지 못했다.

집에서 전업으로 아이를 키우든, 맞벌이 부부라 아이와 대화를 나눌 시간이 부족한 경우든 목욕탕, 슈퍼마켓, 놀이터, 차 안이나 집 주변 등 일상에서 짧은 시간이라도 밀도 있고 풍부한 대화를 나누어 준다면 분명 뛰어난 지성을 가진 총명한 아이로 키울 수 있다.

Q 구체적인 교육법을 알고 싶어요

돌이 조금 안 된 우리 아이는 요즘 엄마와 떨어지지 않으려고 해요. 감기를 앓은 후라 그런지 징징거리며 안아 달라고 하고, 책도 잘 보지 않아요. 그림을 좋아해서 벽에 붙여 놓은 그림 보는 것을 좋아하고 집중력도 있는 편입니다. 이 시기에 맞는 구체적인 교육법을 알고 싶어요.

[ID 승민]

저희 부부가 푸름이에게 책을 읽어 주게 된 이유는 책을 주지 않으면 한시도 가만히 있지 않아 그렇게 한 것입니다. 책을 읽어 주고 숨은 그림 찾기 하면서 놀 때는 푸름이가 조용히 있었답니다.

아이가 좋아하는 재미있는 책을 골라 사 주고, 그것을 가지고 놀게 하면 육아가 조금 쉬워질 거예요. 책을 단순히 장난감이라고 생각하세요. 가르칠 대상이 아니라 가지고 논다고 생각하면, 책에 집중하지 않는다고 걱정할 이유가 없어집니다. 책을 가지고 놀면서 책이 대화의 매개체 역할만 해도 충분하답니다.

책과 더불어 노는 것도 중요하지만, 자연에 나가 여러 가지 사물들을 보면서 아이와 많은 대화를 나누는 것도 중요하지요. "이게 무얼까?", "이건 장미꽃이란다." "이게 무얼까?", "이건 자동차란다." 이때 한번은 아이의 말을, 한번은 엄마의 이야기를 하면서 끊임없이 대화해 주세요.

또 한 가지 중요한 것은 아이와 스킨십을 나누는 것입니다. 항상 사랑하고 있음을 이야기해 주고 뽀뽀해 주며 안아 주세요. 스킨십을 통해 배려받고 있음을 느끼게 되면, 남을 배려하는 아이로 성장하게 됩니다.

의존기에는 엄마의 스케줄에 아이의 스케줄을 맞추는 것이 아니라, 아이의 스케줄에 엄마의 스케줄을 맞추어야 합니다. 그만큼 아이의 행동에 섬세하게 반응해 주어야 하기 때문이랍니다.

의존기 아이는
언제나 승자가 되어야 한다

의존기 아이는 칭찬을 많이 받아야 한다. 이 시기의 칭찬은 두 가지 측면이 있다. 아이가 크게 야단맞을 상황을 만들지 않는 것과, 아이를 가졌을 때 우리 아이가 어떻게 자랐으면 좋겠다고 생각했던 꿈과 이상이 실현된 것처럼 말하고 행동하는 것이다.

이 시기 아이는 언제나 승자가 되어야 한다. 아이가 언제나 승리하도록 키운다면 자신의 실력을 정당하게 평가할 수 없는 비현실적인 성격이 되는 것이 아닐까, 혹은 언제나 이기지 않으면 마음이 놓이지 않는, 제멋대로인 아이가 되는 것이 아닐까 하고 부모들은 걱정한다.

역설적으로 들리겠지만 그 반대의 효과를 가져온다. 언제나 이기도록 도움을 받은 아이는 어릴 때부터 성공에 대한 긍정적인 사고 방식을 갖게 된다. 그러므로 어른이 되면 실패나 실망으로

부터 좀 더 강력한 의지로 일어서게 된다. 회복탄력성이 높아지는 것이다.

항상 이기게 해 주는 것은 살면서 고난과 역경에 부딪혔을 때 다시 일어설 수 있는 힘을 부모가 미리 축적해 주는 셈이다. 그런 면에서 유대인들은 생후 12개월 이전에는 아이를 남의 집에 데려가지 않는다. 남의 집에 자주 데려가면 이것저것 만지게 되고 "안 돼, 하지 마!" 같은 부정적인 말을 많이 듣게 되므로, 아이가 야단맞을 상황을 만들지 않기 위해서다.

생후 1년 동안 아이에게 가르쳐 줄 수 있는 가장 중요한 것은 '아이의 미래상'이다. 부모가 언어로 아이가 미래에 어떻게 자랐으면 좋겠다고 꿈을 이야기하면, 아이는 부모가 마음속에 그리던 자신의 모습을 향하여 실제로 생생하게 움직이기 시작한다.

그런 면에서 행복한 영재를 키우는 부모는 신체적·외면적으로는 아기로 보살피지만, 정신적으로는 하나의 인격체로 아이를 존중하고 대접한다. 이것은 아이의 재능뿐만 아니라 인간성 자체에 숨을 불어넣는 일이다.

태어난 직후부터 부모의 변함 없는 신념 아래 존중 받고 자란 아이는 자신의 의지대로 행동하려는 힘을 갖게 되고, 그 힘은 평생 그 아이 속에서 충만할 것이다. 이것이 우리 부부가 푸름이를 '박사님'으로, 초록이를 '장군님'으로 호칭했던 이유다.

항상 엄마와 함께하고 싶어 해요

이제 막 돌이 된 사내아이의 엄마입니다. 아이가 신체 발달이 무척 빨라서 지금은 마구 뛰어다닙니다. 9, 10개월까지는 많은 책을 읽어 주었고, 자고 일어나면 책을 혼자서 펼쳐 보곤 했습니다. 지금은 활동량이 많아져서인지 집중력이 떨어지고, 책도 놀이를 병행해야 봅니다.
문제는 자신이 무엇을 하려고 하면 혼자 하는 것이 아니라 꼭 제 손을 잡고 하는 거예요. 아이는 부정당하는 경험을 하면 안 된다고 하기에 다 들어주고는 있습니다만 너무 힘드네요.
또 아침 5시 반만 되면 일어나 산책을 하자고 손을 끌고 밖으로 나가려고 합니다. 정말 쓰러질 지경이에요.

[ID 달님]

아이의 발달이 너무 좋군요. 만일 제가 어머님이라면 아이가 배우고자 하는 그 열정과 성장 속도를 보면서 즐거움에 쓰러질 것입니다. 살면서 그보다 즐거운 것이 어디 있겠습니까? 몸은 좀 지치지만 그 시간이 그렇게 오래 지속되는 것도 아닙니다. 조금 지나서 스스로 나갈 수 있을 정도가 되면 그때는 엄마가 손을 붙잡고 나가려 해도 아이가 싫어할 수도 있습니다. 즐거운 마음으로 그 시간을 받아들이세요.

지금 집중하는 것이 훗날 어떤 것보다도 아이의 성장에 도움이 됩니다. 푸름이가 밤새워 책을 읽어 달라고 할 때 제가 너무 힘들어 "푸름아, 잠 좀 자자!"란 말 한마디 했다가 아이가 닭똥 같은 눈물을 뚝뚝 흘렸던 일이 기억나네요. 그 이후 저는 한 번도 푸름이를 부정한 기억이 없습니다. 자식의 눈물을 보면서 아무리 힘들어도 아이의 배우고자 하는 욕구를 절대 좌절시키지 않겠다고 결심했지요.

힘내세요! 얼마 지나지 않으면 기쁨만 옵니다. 지금은 비록 힘들지만, 어떻게든 그 고비를 넘어가시기 바랍니다.

아이는 놀이를 통해서 배운다

아이에게 있어 놀이는 곧 학습이며 체험이며 배움이다. 아이는 놀면서 배운다. 부모는 무엇을 가르칠까를 고민해서는 안 된다. 어떻게 하면 재미있게 놀까를 연구해야 한다.

예를 들어 숫자를 가르칠 때 "이것은 8이다, 8이야. 따라 해 봐." 하면 아이는 외면해 버린다. 재미가 없기에 관심을 기울이지 않는 것이다. 그러나 같은 8자를 보면서 여기 "구멍이 두 개 뽕뽕 뚫렸네. 구멍이 두 개 뚫렸으니까, 뽕뽕 팔이네." 하면 아이는 "뽕 뽕 팔, 뽕뽕 팔." 하면서 놀게 되고, 자신도 모르는 사이에 8이라는 숫자를 배우게 된다. 그러므로 부모는 항상 아이에게 재미있게 가르칠 수 있는 방법을 연구해야 한다.

푸름이도 주입식으로 가르치자 곧바로 거부했다. 이렇게 거부하다 보니 학교에 들어가서도 학습을 거부하지 않을까 걱정이 되었다. 그래서 연구한 것이 놀이식 학습이었고, 푸름이는 곧바로 받아들이며 배움 자체를 즐거워했다.

뭐든지 놀이식으로 배운 아이는 학교에서 주입식으로 배워도 이미 배움의 즐거움을 알기에 잘 따라가게 된다. 주입식으로 배워도 충분히 받아들일 준비가 되어 있기 때문이다.

어린 시절에는 주입식으로 가르칠 수 없다. 그런 면에서 부모는 아이와 놀 때 의무라고 생각해서는 안 된다. 대부분의 부모는 아이와 노는 즐거움을 잊고 있다.

어떤 부모가 "우리 아이는 참으로 착한 아이랍니다."라고 말할 때, 그 '착한 아이'란 조용하고 부모를 별로 귀찮게 하지 않으며, 따라서 엄마로서는 집안일 등 다른 일에 힘쓸 수 있는 그런 아이를 말한다. 책을 많이 읽어 분별력이 뛰어난 아이의 행동에서 오는 배려는 기뻐해야 하지만, 의존기의 '착한 아이'는 잠재하고 있는 지능을 최대한 발휘시킬 감각적 자극을 받을 기회를 잃고 있음을 의미하는 것이다.

놀이를 통해 15개월에 스스로 한글을 읽을 수 있게 했던 한 엄마의 사례는 놀랍고 즐거운 경험이었다. 대부분의 부모는 먼저 사물을 인지시킨 후에 글자를 가르친다. 그런데 그 엄마는 놀이를 통해 사물 인지와 문자 인지를 동시에 해 주었다.

생후 6개월 때 냉장고를 열어 살짝 손을 넣으면서 "냉장고는 차가운 거야."라는 말을 반복해 주었더니, 냉장고란 말을 하면 아이가 머리를 냉장고 쪽으로 돌리더란다. 그때부터 사물 인지와 문자 인지를 동시에 해 주기로 결심했다고 한다.

예를 들어 아이가 싱크대를 열고 그릇을 꺼내어 놀면 그 행동을 못하게 막기보다는 오히려 그릇에 대해 가르쳐 주었다. 집에 있는 모든 그릇을 꺼내 놓고, '그릇'이라는 글자를 쓰며 글자와 사물을 동시에 인지시킨 후, '밥 그릇', '국 그릇', '반찬 그릇', '플라스틱 그릇', '작은 그릇', '큰 그릇' 등 세부적인 분류를 계속해 나가는 놀이를 했다.

또한 냉장고 안에 있는 재료들만 꺼내 놓아도 웬만한 채소는 거의 가르칠 수 있었다.

15개월에 아이가 한글을 뗄 수 있었던 것은 무엇을 가르치려는 의도와 목적이 아닌, 엄마와의 순수한 놀이였기 때문이다. 집 안의 모든 도구가 장난감이었고, 집 안의 가재 도구만 분류해도 충분히 책을 읽을 수 있는 단어를 획득할 수 있었던 것이다. 여섯 살이 되었을 때는 문학 작품을 읽을 정도의 독서 수준까지 올라와 있었다.

두 시간이 넘는 나의 강연 내내 '너는 떠들어라. 나는 《해리포터》를 읽겠다.' 하고 집중하는 아이를 보면서, 그리고 그 아이의 정서가 무척 안정되어 있음을 느끼면서 나는 너무도 기뻤다.

아이는 환경에 의해 성장한다는 사실을 한치의 의심도 없이 굳게 믿었던 엄마였다. 단순하게 믿었다는 사실 하나가 자녀를 그렇게 뛰어난 아이로 키울 수 있었던 것이다. 믿는다면 믿는 세상이 보이기 때문이다. 이 아이를 보며 이러한 사례들이 확대 재생산되면 새로운 인류가 탄생할 수 있다는 확신이 들었다.

아이는 놀이를 통해서 배우기 때문에 100퍼센트 놀 때에 100퍼센트 학습이라는 상황을 만들어 주는 것이 제일 중요하다. 만약 아이가 자동차를 좋아해서 하루 종일 주차장에서 놀려고 한다면 어떻게 해야 할까? 엄마가 피곤하다고 짜증을 낼 것이 아니라 주차장에서 자동차를 색깔별로 또는 차종별로 분류하거나 숫자를 가르쳐 주면서 재미있게 놀아 주는 것이 최고다. 그렇게 노는 과정에서 아이는 수학적 사고력까지 키워 나갈 수 있다.

보이는 물건들을 모두 집어던져요

아이가 이제 7개월이 되었어요. 그런데 너무 산만하고 이것저것 보이는 대로 다 내던집니다. 화장품이건 책이건 시디건 자기가 내던져야 할 물건이 눈앞에 보이면 어쩔 줄 몰라하며 정신이 없습니다.

그래서 못하게 하면 몸을 뒤로 젖히며 떼를 써댑니다. 아이 돌보기가 너무 힘들어요. 이럴 땐 어떻게 해야 아이의 정서 발달에 좋은가요?

참, 혼자서 우는 시늉을 하며 놀기도 한답니다.

[ID 대호맘]

 아이는 산만한 것이 아니라 호기심이 많은 것입니다. 아이의 호기심이 엄마의 눈에는 장난으로, 산만함으로 보이는 것입니다.

아이는 지금 사물을 집어던지면서 탄성 계수를 배워 간다고 보면 됩니다. 귀중한 물건이라면 아이의 눈에 띄지 않도록 하세요. 그렇지 않다면 집어던지며 그냥 놀도록 두세요. 한동안 그런 놀이를 열심히 하다가 충분히 채워지면 다른 놀이로 바뀌어 갈 겁니다.

아이와 여러 가지 놀이를 하면서 같이 즐기세요. 뺨을 부풀리고 아이가 꾹 누르면 푸~ 하고 숨을 내쉬는 놀이도 좋습니다. 또 '코코코코 입, 코코코코 눈' 하면서 하는 놀이도 아이가 좋아합니다.

동물 그림을 벽에 붙여 놓고 동물의 이름뿐만 아니라 소리, 각 부위별 이름도 가르치면서 놀면 효과적입니다. 엄마가 놀이를 연구해 가면 아이도 재미있게 배우면서 힘들지 않게 키울 수 있답니다.

참, 우는 시늉을 하든 웃는 시늉을 하든 혼자 그렇게 노는 것은 바람직한 현상입니다. 마음껏 놀도록 해주세요. 아이는 지금 아주 맹렬한 속도로 배우고 있는 중입니다.

먹을 것으로 장난쳐요

11개월 된 딸아이가 이유식을 주면 먹는 것이 아니라, 손으로 장난을 치면서 주물럭거립니다. 이런 행동이 좋지 않다고 계속 이야기는 해 주었습니다만, 장난은 먹을 때마다 계속됩니다. 혹시 습관이 되지 않을까 걱정이에요. 그러면 안 된다고 빼앗았더니, 얼굴이 새파랗게 질리면서 떼를 쓰는 모양이 난리도 아닙니다. 무언가 제재를 가해야 될 듯합니다. 이럴 때는 어떻게 해야 할까요?

[ID 시윤맘]

아이들은 우유를 다 먹고 나면 흔히 병을 휙 던져 버립니다. 아이가 우유병을 던지는 것은 과학자의 자세로 실험하는 중이고, 또 한편으론 내가 엄마를 얼마나 믿을 수 있을까 하는, 신뢰성을 검증하는 과정이기도 합니다.

같은 논리로 엄마는 이유식을 가지고 손으로 장난친다고 해석하지만, 아이는 이유식을 몸 전체로 느끼면서 과연 이유식의 본질은 무엇일까를 받아들이는 과정이라고 할 수 있습니다.

얼마나 무서운 일입니까? 단순한 의식의 차이에 의해서 그것이 제재받으면 수동적인 아이로 크겠지만, 엄마가 호기심의 발로라 생각하여 그런 기회를 마음껏 누릴 수 있게 해 주면, 아이는 호기심이 명하는 대로 상상의 나래를 펼치며 전 생애에 걸쳐 지적인 여행을 시작한다는 것을요!

제가 푸름이를 키울 때도 그런 과정이 있었습니다. 밥을 먹을 때 혼자 먹기 원해서 우리 부부는 따로 밥을 주었고, 푸름이는 신나게 놀면서 밥을 먹었습니다. 온천지가 밥알로 덮였지만 어느새 푸름이는 수저 쓰는 법을 배우고 있었습니다.

그냥 놔두십시오! 그 행동이 남에게 피해를 주는 것이 아니라면 그 행위를 즐기게 두어도 나중에 문제가 되지 않습니다. 오히려 진지하게 생각하고 끊임없이 지적 호기심을 쫓아가는 적극적인 어린이로 성장할 것입니다. 조금 성장하여 이제 사물을 분별할 시기가 되면 자기가 존중받았으므로 남에게 피해를 주어서는 안 된다는 사실을 먼저 깨달으면서 예의 바르게 자랄 것입니다.

대부분 엄마의 제재는 아이의 발달을 이해 못하거나 너무 좁은 기준에 아이를 맞추려 하기 때문에 생기는 것입니다.

아이가 훌륭하게 성장할 것이란 믿음을 굳게 가지고 엄마가 아이에게 갖는 희망이 이루어진 것처럼 아이에게 이야기해 주고 행동하세요. 어느새 아이는 심신이 건강한 아름다운 어린이로 성장해 있을 것입니다.

일상의 모든 것이 놀이요, 장난감이다

의존기 아이에게 모든 것은 새롭고 즐거운 놀이다. 먼저 부모의 얼굴이 장난감이다. 생후 몇 달 동안 아이는 명암이 대비를 이루고 각도와 곡선이 다양한 물건을 좋아한다. 흑백 모빌은 이러한 아이들의 특성을 반영해서 만든 것이다.

부모의 눈, 코, 입, 뺨, 턱이 바로 모빌의 특성을 가지고 있다. 아이가 부모의 품에 안겨서 얼굴을 바라볼 때, 아이는 빛이 어떻게 반사되느냐에 따라 각도와 음영이 다른 부모의 얼굴을 보게 된다. 아이가 부모의 얼굴을 잘 들여다볼 수 있도록 안고만 있어도 교육적 효과를 볼 수 있다.

부모의 얼굴은 까꿍 놀이와 뺨 부풀리기와 같은 놀이 도구도 된다. 생후 6개월 정도면 아이는 까꿍 놀이를 할 수 있다. 손이나 수건으로 얼굴을 가리고 있다가 아이가 수건을 걷어 낼 때 "까꿍!" 하고 소리치면, 이이는 까르르 웃음을 터트릴 것이다. 아이는 화사하고 사람의 눈길을 끄는 색을 좋아하므로 밝은 청록색 같은 수건을 사용하는 것이 좋다.

엄마가 늘 같은 옷을 입어 엄마라는 일관성을 통해 안정감을 줄 수도 있지만, 때로는 아이가 좋아하는 흥미 있는 그림이나 밝은 색의 옷을 입어 자극을 주는 것도 바람직하다.

생후 9개월 정도 되었을 때는 뺨을 부풀렸다가 아이가 뺨을 누르면 엄마가 혀를 쑥 내미는 놀이를 시작할 수 있다. 이런 놀이는 '내가 이렇게 하면 이런 결과가 나온다.'라는 전제를 깔고 있어, 열심히 하면 훗날 문제를 해결하는 능력이 높아진다.

이외에 아이의 문제 해결 능력을 키워 주는 것으로, 인형이나 장난감을 등 뒤에 감춰 두었다가 왼쪽이나 오른쪽 어느 한 곳으로 보여 주는 놀이가 있다.

장난감만이 놀이 도구는 아니다. 플라스틱 병, 넣었다 뺐다 하는 서랍, 필요 없는 종이 박스 등 일상이 놀이이고 모든 생활 도구가 장난감이다.

숨바꼭질도 아이가 좋아하는 놀이다. 우리 부부는 푸름이와 정말 많은 놀이를 하면서 보냈다. 숨바꼭질을 하며 장롱 속에 숨어 있다가 그냥 잠들어 버린 적도 있었다.

'도리도리 짝짜꿍', '곤지곤지 쨈쨈쨈' 같은 놀이도 손을 움직이면서 두뇌를 발달시킬 수 있는 지혜로운 놀이이므로 시간이 있을 때마다 충분히 해 주어야 한다.

놀이를 할 때는 아이가 적극적인 참여자가 되도록 유도해야 한다. 모빌을 걸어 놓고 그냥 놔 두면 아이는 그저 지켜보는 것 이외에는 할 것이 없다. 그러나 모빌에 끈을 묶어 아이의 다리와 연결해 주면, 생후 2개월밖에 안 된 아이도 다리를 움직이면서 모빌을 자기 마음대로 움직이려 한다. 이것이 적극적인 참여이다. 이때 끈이 아이 목에 묶이지 않도록 조심해야 한다.

의존기 아이가 가장 좋아하는 놀이 중 하나는 물놀이다. 8~9개월 정도가 되면 아이는 작은 아기용 목욕통이 아닌 일반 목욕통에서 목욕을 할 수 있다. 이때 가지고 놀 수 있는 장난감, 수건, 플라스틱 컵 같은 것을 물 속에 넣어 주면 한동안 재미있게 논다. 물을 너무 많이 부으면 아이가 빠질 염려가 있으므로 약간 적을 정도로 채운다.

장난감이 너무 많은 환경도 아이에게 혼란을 줄 수 있다. 가능하면 완성된 것보다는 구멍에 맞는 조각을 찾아 끼우는 모양 맞추기 장난감이나 블록처럼 아이의 상상력에 의해 다양한 형태를 만들어 낼 수 있는 장난감을 갖고 놀게 하는 것이 좋다. 이런 놀이를 통해 아이는 공간 개념을 이해할 수 있고 수학적 감각도 키울 수 있다.

아이와 놀 때는 반복이 중요하다. 생후 6~7개월 아이는 끝없이 반복하려 한다. 완전히 익혔다고 여겨질 때까지 아이는 몇 번이고 똑같은 일을 반복하려 할 것이다. 그래서 무엇을 한 번 집어던지기 시작하면 끝없이 집어던지려고 한다. 이것은 아이가 이세상이 어떻게 되어 있는가를 알기 위해 탐색하는 것이다.

아이가 물건을 집어던지는 것은 손의 힘과 중력 법칙의 관계를 발견한 것이다. 아이에게는 무한정 즐거운 일이지만 부모에게는 고역이 아닐 수 없다. 그러나 아이가 배우고 있다는 사실을 기억하고 즐겁게 아이의 놀이에 동참해 보자.

아이와 놀이를 할 때는 절정감을 맛볼 때까지 놀이를 끌어올려야 하지만, 절정감이 지나치면 자극의 강도를 서서히 줄여가야 한다. 아이와 놀 때 이제 조금 더 흥분시켰다가는 아이가 잠을 잘 못 잘 거라는 느낌이 들면, 그때는 주저하지 말고 흥분의 강도를 줄여 안정된 상태로 돌아오게끔 해야 한다. 그래야 나중에 절제할 줄 아는 아이로 성장한다. 아이에게 섬세하게 반응해 주는 부모는 아이의 눈빛을 보면서 이것을 쉽게 알아차린다.

장난감을 어떻게 주어야 할까요?

만 4개월이 넘은 우리 아이는 장난감이 많지 않습니다. 하루에 두 번 정도 무릎에 앉혀 그림책을 보면서, 제가 이것저것 그림 설명도 하고 이야기도 꾸며 내면 열심히 옹알이를 하며 뭔가를 말하려 합니다. 딸랑이 같은 것을 주면 조금 보다가 옆에 있는 수건을 쥐고 구르며 열심히 놉니다.

그런데 마트 장난감 코너에 가면 아이의 지능 발달에 꼭 필요한 장난감이라며 광고를 하더군요. 저는 책을 좋아하는 아이로 키우고 싶은데 그런 광고 앞에서는 제 마음도 흔들리곤 합니다.

[ID 민이맘]

딸랑이보다 수건을 쥐고 구르며 노는 것이 훨씬 바람직합니다. 그런 장난들이 훨씬 다양한 변화와 자극을 주기 때문에 아이의 관심을 끄는 것이지요. 장난감보다는 엄마와 함께 물장난을 치거나 모래 놀이를 하고 우리 주변의 것들, 예를 들어 주방 도구 같은 것들이 아이의 지적 발달을 더 촉진시킵니다.

저는 푸름이를 키우면서 그렇게 많은 장난감을 주지 않았습니다. 물론 블록 놀이나 퍼즐 맞추기 같은 다양한 형태들, 상상력을 통해 만들어 가는 장난감은 풍부하게 주었습니다.

생후 1년 이내의 아이에게 가장 큰 영향을 미치는 것은 엄마가 아이를 임신했을 때 가졌던 꿈들, 즉 책을 좋아하는 아이로 자랐으면 하는 마음이 이미 실행된 것처럼 말하고 행동하는 것이지요. 엄마의 믿음은 아이에게 큰 영향을 미치니까요.

이미 엄마가 그러한 마음을 갖고 있기 때문에 아이는 정말 책을 좋아하는 아이로 자랄 것입니다.

대화식 책 읽기,
학습과 기억력에 도움을 준다

부모가 아이에게 책을 읽어 준다는 것은 책을 통해 대화를 나누는 것이며, 책을 통해 노는 과정이라고 할 수 있다.

생후 3개월부터 책을 모빌이라 생각하고 그림을 보여 주면서 빠르게 넘겨 주다 보면, 6개월 정도 되었을 때 아이는 본격적으로 책에 관심을 보이게 된다. 이때부터 엄마는 아이를 상대로 책을 보면서 스스로 질문하고 스스로 답하는 대화식 책 읽기를 시작할 수 있다.

대화식 책 읽기는 책에 나온 글자를 막연히 읽어 주기만 하는 것이 아니라, 책의 내용을 소재로 하여 아이와 대화를 나누는 것이다.

"토끼가 어디에 있을까요?", "여기에 있네요."

"토끼 눈은 어때요?", "빨갛네요."

"토끼 귀는 어떻게 생겼나요?", "아주 커요."

"우리 아기도 귀가 클까?", "아니, 우리 아기 귀는 작아요."

이렇게 대화를 나누면서 운율과 어울리는 리듬 있는 동작을 곁들여 주면 아이에게 감정이 이입되면서 학습과 기억력에 도움이 된다. 강한 감정이 동반된 경험은 아이 두뇌의 기억 세포에 보다 깊이 새겨지기 때문이다.

대화식 책 읽기와 더불어 그림 속의 동물을 찾는 놀이와 같이 숨은 그림 찾기를 하면 언어 발달뿐만 아니라 읽기 능력도 향상된다. 우리 부부가 6개월 이후 푸름이와 함께했던 놀이가 주로 책에서 숨은 그림을 찾는 놀이였다.

숨은 그림 찾기 놀이는 자연에 나가 사물을 구별하고 이름을 붙여 주는 것과 마찬가지로 훗날 한글을 배울 때 문자를 구별할 수 있는 눈썰미를 키워 준다.

이 시기에 읽으면 좋은 책은 밝고 선명한 색상을 가진 리듬감 있는 창작 동화와 더불어 아이가 주변에서 흔히 볼 수 있는 동식물을 다룬 자연 관찰책이다. 특히 자연 속의 동식물을 분류하고 체계적으로 기억하면서 인지 발달을 돕는 자연 관찰 도감은 훗날 지적 발달의 기초를 마련해 준다.

의존기의 책 읽기는 처음부터 끝까지 읽어 주는 것이라는 편견을 버리고 대화의 매개물이라는 사실을 잊지 말아야 한다. 이 시기의 아이들은 보통 자기가 인지하고 있는 것을 빨리 보기 위해 책을 마구 넘기기 일쑤다. 이때 엄마가 처음부터 읽어 주려는 마음이 강하면 책장을 넘기는 아이의 손을 꼭 붙잡게 되는데, 그러면 책을 좋아하는 아이로 자랄 수 없다.

책을 통하지 않고 위대한 지성을 키우기란 불가능하다. 책을 매개로 하여 아이의 지성이 발달해 가는 모습을 보는 것은 부모에게도 몹시 흐뭇한 일이 될 것이다.

책을 어떻게 읽어 줘야 하나요?

지금 우리 아이 4개월인데, 어릴 땐 한 가지 책을 반복적으로 보여 주는 것이 좋다고 하는데 맞는지요? 저는 다양하게 여러 가지 책을 읽어 주거든요. 그리고 아이 주위에 여러 책들을 늘어뜨려 놓는답니다. 아이가 보지 않더라도 글자가 좀 많은 책을 읽어 줘도 괜찮은지요? 아이에게 어떻게 읽어 주는 것이 좋은지 조언 좀 부탁드립니다.

참, 영어책도 중간중간 읽어 주고 있는데, 영어는 한글을 다 익힌 다음에 하는 것이 좋다는 의견도 있더라고요. 어떤 것이 맞는지 잘 모르겠습니다.

전 아이가 공부를 잘해야 된다는 생각은 절대 하지 않습니다. 나중에 어떤 사람이 되든 어릴 땐 부모가 많은 동기를 부여해 줌으로써 아이가 정말 하고 싶은 걸 할 수 있게 선택의 폭을 넓혀 주고 싶습니다. 그런데 막상 실천하려고 하니 여러 가지 어려움이 많네요. 아직 중심이 서 있지 않아서 단계별로 어떻게 해야 하는지 잘 모르겠어요.

[ID 스맘]

4개월 아이에게 가장 중요한 것은 사랑받는다는 느낌입니다. 무엇보다 마음껏 사랑해 주세요. 두 번째는 대화입니다. 아이가 기분 좋은 시간, 깨어 있는 시간에는 상냥하고 반복적이며 리듬감 있는 대화를 나누어 주세요. 아이 몸을 포함하여 아이 주변에 있는 모든 것이 대화의 소재가 될 수 있습니다.

책은 책을 매개로 한 일종의 대화가 되어야 합니다. 책을 읽어 주어야 한다는 마음이 너무 앞서 자연스러운 아이의 리듬을 깨서는 안 됩니다.

자연을 다룬 단순하며 선명한, 주변에서 흔히 볼 수 있는 동물이나 식물에 관한 책을 광고 보여 주듯 빠르게 넘어가며 보여 주세요. 또는 그림이 화려하고 구분이 뚜렷하여 아이의 눈에 곧바로 들어올 수 있는, 한 줄짜리

창작 동화 정도의 책을 아이가 기분 좋을 때 잠깐씩 보여 주세요.

아이에게 선택의 범위를 넓혀 주고 싶은 마음은 이해하지만, 어떤 경우에도 아이가 배움 자체를 싫어하거나 거부하게 만들어서는 안 됩니다. 오히려 아이에게 맞지 않는 책을 아이의 의지와 상관없이 읽어 주는 것보다는 아이의 눈을 바라보며 아이에게 노래를 불러 주거나 부드럽게 대화를 나누어 주는 것이 더 좋습니다.

또한 아이가 엄마의 얼굴을 만지거나 관찰하게 해 주는 것이 4개월 아이에게 적절한 자극입니다.

단계별로 어떻게 해야 할지 생각하지 마세요. 그런 것에 얽매일 이유가 없습니다. 그저 아이의 눈빛을 보면서 느끼는 엄마의 본능에 따라 아이를 대하세요. 배고프면 먹게 해 주고, 졸리면 자게 하고, 눈을 뜨고 엄마와 놀고 싶다면 놀아 주고, 부드럽게 대화하면서 비벼 주고, 그렇게 자연스럽게 키우시기 바랍니다.

지금은 영어나 한글을 걱정할 때가 아니랍니다. 아이에게 세상은 믿을 만하다는 느낌만 준다면 그 교육은 절대로 실패하지 않습니다. 지금 가지고 있는 책들은 그저 다양한 그림을 보여 준다고 생각하고 아이가 안 본다는 느낌이 들기 전에 엄마가 보여 주는 것을 그만 두기 바랍니다. 아이가 좋아하는 것과 상관없이 자극이 들어가면 나중에는 책을 좋아하지 않게 되거든요.

다시 한 번 강조하지만, 아이를 많이 사랑해 주시고, 아이가 엄마 말을 다 알아듣는다고 생각하고 한편으로는 엄마 역할을, 한편으로는 아이 역할을 하면서 충분한 대화를 나누어 주는 것이 최우선입니다.

아이가 온종일 책만 보려고 해요

9개월이 넘은 우리 딸 아이는 아직도 기기 준비 중입니다. 이제서야 양무릎을 꿇기 시작했는데 엄청 징징대네요. 땀을 뻘뻘 흘리며 애처로운 눈으로 SOS! 매번 안아 줄 수도 없어 그냥 내버려 두면 결국엔 울고 맙니다. 기뻐해야 할지 걱정해야 할지, 움직이는 건 싫어하고 책 보는 건 엄청 좋아해서 집에 있을 땐 거의 책만 보는 것 같아요. 전에는 그래도 장난감 갖고 노는 시간도 꽤 됐었거든요.

표현도 아직 적극적으로 하지 못해서 그냥 짜증을 내는데, 결국엔 책 보여 달라는 거예요. 요즘은 책 안 보여 주면 이유식도 먹지 않아요. 점점 더 심해지는 것 같아요. 책 보는 것도 조절이 필요하지 않을까요?

[ID 채운엄마]

 기고 걷는 것은 유전 정보에 의해 결정되는 것입니다. 시간이 되면 알아서 기고 걷고 할 것입니다.

아이가 땀을 뻘뻘 흘리며 애처로운 눈으로 SOS를 치면 매번 안아 주세요. 지금 시기는 사랑받는다는 느낌이 훨씬 중요합니다. 주저없이 도와주어도 아이의 독립심을 절대 방해하지 않습니다. 양 무릎을 꿇는 것만으로도 기뻐하시고 칭찬해 주시기 바랍니다.

아이가 책을 읽어 달라는 것은 환경이 그렇게 주어졌기 때문에 가능한 것입니다. 저는 인간의 두뇌가 어느 정도까지 환경에 의해 발달하고 성장할 수 있는지 푸름이와 여러 아이들의 사례를 통해 알고 있습니다. 그래서 즐거운 마음으로 엄마들의 경험을 듣곤 합니다.

아이가 하나에 집중하는 것을 막지 마세요. 그것이 교육입니다. 하나에 집중하는 것을 방해받지 않으면 아이는 자기가 원하는 모든 것에 집중하고 몰입하는 힘을 갖게 됩니다.

지금 아이는 장난감보다 책이 더 좋은 상태입니다. 발달이 빠른 아이들은 책이 그냥 장난감이며, 장난감보다는 책을 훨씬 더 좋아합니다. 이것은 발달의 순서와도 일치합니다. 모든 발달은 단순한 것부터 복잡한 것으로 발달해 가는데, 장난감보다는 책이 더욱 복잡하기에 아이가 책을 더 좋아하는 것이지요.

아이가 점점 더 책을 좋아한다고 해서 두려워하지 마세요. 깊이를 더하시고 기쁨으로 받아들이세요. 다른 아이가 어떠하든 간에 신경 쓰지 마시고 오로지 내 아이에게만 집중하시면 된답니다.

아이의 조용한 명상 상태,
집중력을 키운다

아이들의 성장에 자극이 중요하다는 것은 수없이 강조되어 왔기에 부모들은 자극이 많을수록 좋다고 생각한다. 그런데 아이가 받아들이기에 너무 과도한 자극을 주는 것은 문제가 된다. 물론 아이의 흥분을 불러일으킬 만한 소리나 그림, 움직임은 여전히 중요하다.

하지만 느릿하고 리듬감 있는 동작이나 잔잔하게 미소짓는 부모의 표정같이 조용한 상태도 아이에게는 아주 중요하다. 조용함이 아이의 자연스런 리듬에 잘 맞을 뿐만 아니라, 조용함 속에서 아이는 부모가 하는 일에 초점을 맞출 수 있다. 부모의 동작이나 소리가 깨끗한 벽에 걸린 한 장의 그림처럼 뚜렷하게 아이의 눈에 비추어지기 때문이다.

자극을 주어야 할 시간이 있고, 자극을 절제해야 할 시간이 있다. 아이를 키우다 보면 생후 3~6주경부터 실컷 놀고 난 후나 젖을 먹을 때, 낮잠을 자기 전이나 잠에서 깨어났을 때, 아이가 눈을 크게 뜨고 먼 곳을 바라보는 듯한 표정을 지을 때가 있다. 이는 흔히 '명상 상태'라고 부르는, 아이가 조용히 자기의 내면을 응시하는 상태에 들어간 것이다.

이 상태에서 아이는 자기의 기분이 좋다거나 나쁘다는 감정이 외부의 자극이 아니라, 자기의 마음속에서 일어난다는 것을 알게 된다. 이때부터 아이의 내면 생활이 시작되고, 훗날 인격의 기초를 형성하게 된다.

명상 상태에서는 아이가 혼자 있고 싶기도 하고 혼자 있는 게 싫기도 하다. 가만히 혼자 있고 싶지만, 누군가 신뢰할 만한 사람이 지켜봐 주었으면 하는 마음이 동시에 존재한다. 그래서 아이에게 말을 걸거나 함께 놀아 주는 것보다는 가만히 미소 짓고 쳐다보는 것이 아이가 자라서 외부 자극에 의해서만 즐거움을 발견하는 생활에 빠지지 않도록 도와준다.

명상 상태에서 방해받지 않은 아이들은 밤에 깨어서도 울지 않고 혼자 놀다 잠이 들곤 한다. 우리 부부는 푸름이를 키우면서 놀 때는 열심히 놀아 주었다. 반면 아이의 얼굴이 행복하고 예쁘게 보이며, 평온한 상태에서 물끄러미 응시하는 상태가 되면, 그 모습을 바라보느라 조용히 입을 다물곤 했다.

아이가 얼굴을 외면하거나 기침, 재채기, 딸꾹질 같은 것으로 스트레스를 표현하거나, 온몸으로 불쾌감을 표현하면 부모는 자기도 모르는 사이에 아이에게 자극을 너무 많이 준 것이 아닌가 되짚어 보아야 한다.

자극이 과도하면 아이는 기민함이나 호기심을 잃어버리고 신경질적이고 예민한 아이로 자란다. 그러나 조용한 명상 상태가 적절히 주어지면 부모와 아이의 쉬는 시간이 일치하면서 집중력이 강한 아이로 성장한다.

외부에서 자극이 주어지는 것에 익숙해지면 아이는 훗날 컴퓨터 게임 같은 놀이에 몰두하고, 그것을 부모가 못하게 막으면 불안해한다. 입에서는 항상 "엄마, 심심해!" 하는 소리를 달고 지낼 가능성도 높아진다.

푸름이는 혼자 몰입해서 노는 힘이 강했다. 강가의 모래밭에서 벌거벗고 12시간 이상을 다양한 놀이를 하면서 보낸 적도 있다. 아마 우리 부부가 아기일 때 푸름이의 명상 상태를 방해하지 않은 게 영향을 주었을 것이다.

개월수에 맞는 대처법이 궁금해요

둘째 아이가 이제 5개월이 되었어요. 요즘은 늘상 눕혀 두면 뒤집고 또 뒤집고 하면서 눈에 보이는 것은 다 잡아 보려 하고 입으로 가져 갑니다. 그래서 천장에 달려 있는 모빌의 인형을 떼어다 얘기해 주고 만져 보게 합니다. 딸랑이를 들어 주면 아이가 두 손으로 잡아서 흔들고 한참을 놀아요.

2개월쯤 지났을 때부터 잠깐씩 저랑 눈맞추고 웃고 하더니 지금은 제법 집중하는 시간이 길답니다. 또 누워서 책을 읽어 주면 온몸으로 흔들며 표현합니다. 이렇게 예쁜 우리 아들에게 엄마가 무엇을 어떻게 해 주어야 하는지 그 방법을 잘 몰라 답답합니다.

[ID 잎사귀]

아주 잘하고 계십니다. 눈도 맞추시고, 책도 읽어 주시고, 무엇보다도 사랑을 듬뿍 주고 계시네요. 이 시기에 가장 중요한 것은 아이에게 사랑받는다는 느낌을 주는 것입니다.

아이를 마음껏 사랑해 주세요. 마음껏 비벼 주시고 아이의 눈빛대로 아이가 하자는 대로 하세요. 사랑을 많이 받은 아이는 세상은 살 만하다고 느끼고 따스한 마음을 갖게 됩니다.

또 한 가지 아이에게 해 주어야 할 것은 대화입니다. 아이를 안고 있든 업고 있든 대화를 나누어 주세요. 아이를 안고 집 안을 돌아다닐 때도 사물을 가르치며 그 사물에 이름이 있음을 알려주세요.

얼마나 다양하고 풍부한 언어를 아이에게 들려주었느냐에 따라 아이의 지능이 달라집니다. '이렇게 어린 아이가 무엇을 알아듣는다고!' 하는 걱정은 하지 마세요. 그냥 스펀지처럼 다 흡수하고 있답니다.

풍부한 자극을 줄 수 있는 환경을 만들어서 두뇌 발달을 촉진하는 것도 좋답니다. 딸랑이 소리나 음악을 들려주고, 아이가 만져 볼 수 있는 것도 주고, 오감을 자극할 수 있는 다양한 환경을 만들어 주세요.

그러나 이러한 것들도 중요하지만, 더불어 조용함을 주어야 할 때도 있습니다. 특히 아이가 아침에 일어나고 난 후나 젖을 먹고 난 후 멍하니 꿈을 꾸는 듯한 표정을 지으면 명상 상태에 들어간 것입니다. 이때는 자극을 주는 것보다는 가만히 미소 짓고 엄마가 아이를 쳐다보는 것이 훨씬 더 중요하답니다.

그러면 아이는 자신의 감정이 자기 내부에서 일어나고 있음을 깨닫고 외부의 자극 없이도 잘 놀 수 있는 아이로 성장합니다.

이 시기에는 사랑과 대화, 배려 같은 기본적인 가치가 아이의 인격 형성에 무엇보다 중요하다는 것을 잊지 마세요.

낯가림을 시작한 아이에게는
조용히 인사한다

생후 6개월이 되면 아이들은 '낯가림'을 시작한다. 가까운 사람의 얼굴이나 물건을 익혀서, 처음 보는 사람과 물건을 구별할 수 있게 되었다는 의미이다. 그만큼 분별력이 생겼다는 것을 말하는데, 낯가림은 아이의 발달상 자연스러운 현상이므로 염려할 필요는 없다.

아이가 섬세하면 섬세할수록 낯가림이 심하고 오래갈 수 있다. 그런데 아이의 낯가림이 다른 사람들과의 접촉 부족에서 생긴 게 아닌가 싶어 부모가 일부러 다른 사람들과 접촉하게끔 하면 아이는 오히려 더 불안해한다. 다른 사람들과의 접촉을 자제하고 사랑을 풍부하게 주면 언제 그랬냐 싶은 시기가 곧 오게 되므로 걱정하지 않아도 된다.

한 엄마는 아이를 12시간 이상 안고 있어야 했는데, 아이가 그 정도로 엄마에게서 떨어지지 않으려 했다. 엄마와의 애착이 형성 된다고 해도 과연 아이가 엄마로부터 떨어질 수 있을까 하는 의 심마저 들었다. 그러나 아이가 사랑을 충분히 받고 나자 독립적 이 되어 오히려 엄마가 소외감을 느낄 정도가 되었다.

이렇듯 배려 깊은 사랑을 충분히 받은 아이는 엄마가 항상 그 자리에 있다는 것을 알고 마음 놓고 세상에 대한 탐색을 시작해 나간다.

부득이 아이를 가까운 친척이나 친구에게 소개할 때가 있다. 아이가 낯선 사람을 보고 울어 대면, 친척이나 친구를 기분 나쁘 게 할 수도 있고, 아이도 자극 과잉 상태가 되므로 서로에게 좋지 않다. 이럴 때는 친척이나 친구에게 보통 때보다 아주 낮은 목소 리와 느릿느릿한 몸짓으로 아이와 인사하도록 부탁하면 아이의 울음 소리가 줄어들 것이다. 또한 아이의 부모와 먼저 인사를 나 누거나 대화를 하면서 아이에게 경계하지 않아도 되는 친근한 사 람이라는 정보를 주면 아이의 낯가림은 줄어든다.

생후 6개월의 아이는 아직 신경계통이 어른처럼 발달하지 못해 서 정보를 자연스럽게 처리하지 못한다. 사이렌 소리 같은 요란 한 소리를 들으면 아이는 깜짝 놀라서 울게 마련이다.

그러므로 이 시기에 아이들과 관계된 일은 천천히 여유롭게 진 행하는 것이 현명하다. 갑자기 새로운 상황으로 몰아 넣으면 아 이는 무섭다는 감정을 울음으로 호소할 것이다.

아이가 낯가림이 심해요

우리 아이는 밤이면 울고 보챘어요. 너무 힘들어 그냥 놔 두고 잠들게 하다 보니 밤중 수유가 필요 없을 정도가 되었지요. 저는 순한 제 아이를 대견해하는 바보였습니다. 이제 8개월이 되어 가는데 많이 안아주지 않아서인지 유독 칭얼거림과 짜증이 심한 편이에요. 기저귀를 갈기 위해 내려놓으려고 제 몸을 숙이기만 해도 웁니다.

낯가림도 정말 심해 엄마랑 집에만 있어 그런가 싶어 아기 마사지도 할 겸 문화 센터에 가는데 거기서도 내내 울다가 옵니다. 놀 때도 기어다니면서 이것저것 잠시 빨아 보다가 주방으로 기어와선 제 발밑에 누워 손가락을 문 채 저만 바라봅니다. 가뜩이나 소극적이고 겁이 많은데 운동 발육이 늦어지는 게 아닌가 싶어 걱정입니다.

또 전보다는 장난감이든 책이든 갖고 놀 때가 많은데 그럴 때 제가 떨어져서 집안일을 해도 괜찮은지, 아니면 옆에서 아이를 지켜봐야 하는지 모르겠어요. 제가 지켜보고 있으면 무조건 안기려 들거든요.

책도 처음엔 좋아하더니 지금은 책들을 물어뜯거나 빨면서 먹기에 바쁩니다. 그래서 장난감들을 주는데 나중엔 장난감과 책들이 섞여 버립니다. 책도 장난감의 일부분처럼 그냥 두어야 할지, 아니면 책과의 분별을 위해 섞이지 않도록 장난감만 주어야 할지 궁금합니다.

[ID 각하맘]

아직 아이가 8개월밖에 되지 않았기에 지금부터 충분히 사랑해 주면 세상을 긍정적으로 바라보게 될 것이며, 낙천적인 성격을 가진 아이로 성장할 것입니다.

지금은 그냥 사랑받는 것이 최고입니다. 칭얼거림과 짜증은 아이가 그동안 엄마에게 부정당한 것에 대한 반응입니다.

낯가리는 것을 치료한다고 문화 센터에 가는 것은 오히려 상황을 악화시킬 뿐입니다. 엄마가 아이에게 완벽하게 집중된 사랑을 줄 때 아이는 훨씬 부드러워지고 짜증도 사라지게 됩니다.

아이가 소극적이라는 것과 운동 발육에 대해서는 걱정하지 마세요. 사랑을 받게 되고, 아이 스스로 나는 사랑받을 만한 존재라고 느끼는 순간부터 아이는 엄마를 놔 두고 세상을 탐색하면서 적극적으로 변해 갑니다. 많이 돌아다니면 운동 발육도 자연스럽게 이루어진답니다.

아이를 안아 주면서 아이가 보고 있는 다양한 사물에 대해 이야기해 줌으로써 언어 발달을 촉진시켜 주세요. 아이에게 지적 자극을 풍부하게 줄 수 있습니다.

아이가 혼자 놀고 있을 때 엄마가 떨어져 집안일을 하려 하면 아이가 어떻게 행동하는지 살펴보세요. 곧바로 엄마를 찾는다면 당분간은 떨어지지 않는 것이 아이의 정서 발달을 위해 좋습니다.

또 엄마가 지켜볼 때마다 안기려 한다는데, 그럴 때는 서슴지 말고 안아 주세요. 그러면서 다시 대화를 나누어 주면 그것이 교육입니다.

아이가 책을 빨고 물어뜯는 것은 당연한 행동입니다. 찢는 것은 개의치 말고, 다만 아이가 다치지 않도록 모서리가 둥근 책을 고르거나, 빨았을 때 유해하지 않은 잉크로 인쇄한 책을 주세요.

책도 일종의 장난감입니다. 지금은 책을 장난감과 같이 주어도 됩니다. 하지만 조금 지나 책을 좋아하는 시기가 되면 아침에 일어날 때 책이 먼저 눈에 보이게 두고, 책에 지칠 때쯤 되면 장난감을 늘어놓아 책과 장난감 모두에 집중하게 하세요. 여러 가지 책을 놓아도 아이는 자신이 좋아하는 책에 반응할 것입니다. 그와 동시에 아이가 좋아하는 책과 비슷한 책을 주변에 늘어놓으면 점점 책에 대한 관심이 커집니다.

책은 대화의 매개물입니다. 그리고 배려 깊은 사랑, 대화, 그 다음이 책입니다. 지금은 책에 얽매이지 마시고 배려 깊게 사랑해 주고 대화를 풍부하게 나누어 주시기 바랍니다.

대소변을 가리는 훈련은
일찍 시작하지 않는다

　아이의 기저귀가 더러워지거나 젖으면 엄마들은 당장 기저귀를 갈아 주려고 한다. 엄마는 기저귀에서 냄새가 나므로 아이도 자기의 배설물에 대해 엄마가 가지고 있는 혐오감을 갖는다고 생각한다. 그러나 아이는 자기 몸의 배설물에 대해 혐오감이 없어서 자기의 배설물을 가지고 놀기도 한다.

　엄마가 조심해야 할 것은, 기저귀에서 냄새가 나거나 더럽다고 하는 엄마의 기분이 아이에게 전해지지 않도록 하는 것이다. 만약 아이에게 그러한 엄마의 기분이 전해진다면, 나중에 대소변 가리는 것이 힘들어질 수도 있다.

　추운 방에 있지 않는 한 조금 지저분해진 기저귀를 찼다고 해서 아이가 싫어하는 일은 별로 없다. 예를 들어 아이가 자고 있다면 깨우면서까지 빨리 기저귀를 갈아 주지 않아도 괜찮다.

기저귀를 너무 자주 갈아 주면 아이는 더럽다는 것에 매우 예민하고 신경질적이 된다. 그리고 규칙에 아주 집착하는 강박적인 성격의 사람으로 성장할 가능성이 있다. 기저귀를 갈아 주는 것에 대해서는 아이의 엉덩이가 짓무르지 않는 범위 내에서 좀 더 여유 있는 태도를 유지하는 것이 중요하다.

의존기는 아직 배뇨와 배변에 길들일 나이가 아니다. 배뇨와 배변에 관한 훈련은 어느 정도 괄약근을 조절할 수 있는 신경이 발달하고, 대화를 통해 의사를 전달할 수 있는 24개월 전후가 적당하다.

첫돌 이전에 대소변을 가리도록 강요하면 나중에 학교를 몹시 무서워하거나, 엄마에게만 매달리거나, 다른 아이들과 어울리기 어려운 심리적인 문제가 생길 수 있다.

더불어 야뇨증의 위험까지 있다. 야뇨증은 배뇨와 배변 습관을 길들일 때 부모에게서 받은 모욕과 수치심을 해결하려는 시도이다. 아이가 꿈 속에서 오줌을 싼다면 부모가 야단을 칠 수 없다. 그러므로 무의식중에 부모에게 분노하면서 아기 때 부모로부터 받은 힘든 상황을 되돌려 주면서 스트레스를 해소하는 것이다.

기저귀를 채워야만 소변을 가려요

우리 아들은 기저귀를 해 주지 않으면 오줌이 마려워도 고추를 잡고 계속 참습니다. 그래서 기저귀를 다시 채워 줍니다. 저는 마음이 조급해져서 자꾸만 아이의 엉덩이를 때리는데, 좋은 방법이 없을까요?

[ID 개미]

유아가 정상적으로 대소변을 가리는 시기는 24개월 전후입니다. 이 시기에 부모가 대소변을 가릴 수 있는 환경을 만들어 주면 자연스럽게 대소변을 가리게 됩니다. 이때 아이는 자기의 신체를 통제하고 조절하는 자조 기능을 발달시켜 나갑니다. 더불어 독립적으로 손발을 씻고, 음식을 먹으며, 신을 신고, 옷을 입고 벗는 등 다른 자조 기능도 발전시켜 갑니다.

대소변을 가리지 못한다고 자꾸 엉덩이를 때리게 되면, 오히려 아이는 불안해져서 대소변을 가리는 시기가 더욱 늦어지게 됩니다. 또한 아이의 자율감 발전도 늦어집니다.

먼저 신호가 분명한 대변부터 가리기를 하세요. 변기에 대변 보는 모습을 보여 주고 아이가 그런 행동을 따라했을 때 칭찬해 주면서 자연스럽게 가릴 수 있도록 유도하세요. 대변을 가리게 되었을 때도 아이가 놀다 보면 가끔씩 실수를 하는데, 이때도 절대로 야단쳐서는 안 됩니다.

중요한 것은 칭찬입니다. 칭찬을 통해 대소변 가리는 행동을 할 수 있도록 자연스럽게 이끌어 주세요. 소변 가리기는 대변 가리기보다 조금 늦어 보통 4세경은 되어야 스스로 화장실에 가서 소변을 볼 수 있습니다.

아이에게 대소변 보는 모습을 보여 주거나, 변기를 깨끗하게 해 주고, 겨울에는 변기를 따뜻하게 해 주는 등 편안하게 대소변을 볼 수 있는 환경을 만들어 주세요. 그리고 부모가 급한 마음을 버려야 한답니다. 아이에게 수치심을 줄 수도 있으니까요.

3장

걸음마 시기(12~18개월)

걸음마 시기는 한마디로 '탐험의 시기'이다.
아이는 지치지도 않고 줄기차게
자기를 둘러싸고 있는 모든 환경을 탐험한다.
이 중요한 과정을 부모가 어떻게 해석하느냐에 따라
아이는 자율감과 수치심 중 하나를 얻게 된다.

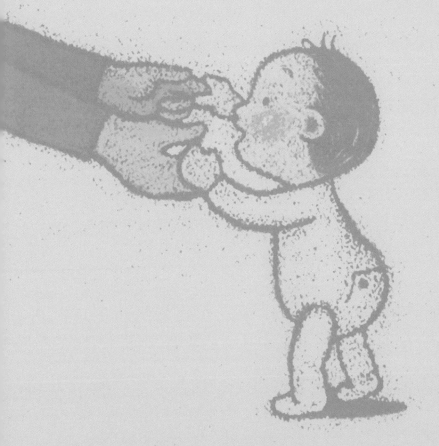

걸음마 시기

●● 걸음마 시기는 의존기가 끝나는 12개월 전후에 시작하여, 제1반항기가 시작되기 전인 18개월까지 계속된다. 물론 아이들마다 조금씩 차이는 있다. 이 책에서 설명하고 있는 순서에 따라 아이는 발달 단계를 밟아갈 테지만, 아이마다 어떤 단계에서는 빠르기도 하고 늦기도 하면서 각자의 걸음으로 성장해 간다.

따라서 내 아이가 이 책에서 제시하는 발달 시기와 다르다고 해서 걱정할 필요는 없다. 여기서 주목할 점은 각각의 발달 단계를 통과할 때 내 아이가 어떤 특성을 보이며, 그에 맞는 적절한 환경을 어떻게 만들어 주느냐 하는 것이다.

전적으로 부모에게 의존할 수밖에 없었던 의존기 아이가 걸음마 시기가 되면, 이전에 비해 훨씬 넓은 범위의 환경을 적극적으로 탐험하게 된다. 호기심 때문에 이것저것 만지고 입으로 확인하고 들쑤시지만 어느 것이 위험한 것인지, 어느 것을 먹어야 하는지와 같은 기초적인 분별력, 관찰력, 판단력 등이 부족하기 때문에 부모로서 한시도 마음을 놓을 수가 없다.

이 시기 아이는 잠시라도 조용하다 싶으면 부모가 상상도 못할 행동을 하는 게 보통이다. 입에 넣을 수 있는 모든 것은 다 집어넣고, 엄마의 화장품을 온 집 안에 찍어 바르거나, 화분 흙을 헤

집으며, 주방의 그릇이란 그릇들은 다 빼놓고, 참기름 병을 쏟아 거실 바닥을 난장판으로 만들어 놓기 일쑤이다.

사실 아이가 이러한 행동을 하는 것은 부모를 괴롭히기 위해서 가 아니다. 왕성한 지적 호기심 때문에 자기 몸을 포함하여 주위 환경을 탐색하는 진지한 배움의 과정일 뿐이다. 이 중요한 과정을 부모가 어떻게 해석하느냐에 따라 아이는 자화상의 두 번째 렌즈인 자율감(자신감)과 수치심(자기 불신) 중 하나를 얻게 된다.

만일 부모가 아이의 이러한 발달 시기별 특성을 이해하고, 아이가 안전하게 지적 호기심을 충족시킬 수 있는 기회를 충분히 주면 아이는 내면의 힘에 의해 스스로 할 수 있는 능력을 갖게 된다. 더불어 자신감이 충만한 자율적인 인간으로 성장한다.

그러나 부모가 위험하지 않은 상황인데도 아이를 과잉 보호하거나 무엇이든 못 하게 막으면, 아이는 환경에 대해 불필요한 공포와 자신에 대한 회의감을 갖게 된다. 그리고 자기 불신이 가득해지고 수치심까지 생긴다. 이렇게 성장한 아이들은 자발성과 활력에 결정적인 영향을 받으며 사회에 적응하기가 쉽지 않다. 그래서 《유아기와 사회》를 집필한 심리학자 에릭슨은 이 시기를 자율감과 수치심이 발달하는 시기로 보았다.

걸음마 시기

이 시기 부모가 마련해 주어야 할 환경은 집 안에 있는 위험한 물건을 모두 치워 아이가 부정당하거나 다치지 않으면서 배울 수 있도록 집 안을 꾸미는 것이다.

또한 자연에서 마음껏 뛰어놀 수 있도록 도와주고, 다양한 볼 거리와 들을 거리를 주며 동시에 칭찬과 격려로 아이의 호기심을 이끌어 줄 수 있는 배려 깊은 환경을 만들어 주는 것이다.

예를 들어 아이가 그릇을 꺼낼 때 그것을 막는 게 아니라, 오히 려 엄마가 그릇을 꺼내면서 아이의 호기심을 충족시켜 주고, 글 자까지 써 가며 사물과 문자를 동시에 인지시켜 준다면 아이는 15개월에도 한글을 뗄 수 있다. 아이가 그릇을 꺼낼 때 대부분의 엄마는 아이의 호기심을 막지만, 아이는 자신의 호기심이 충족되 는 순간 더 이상 그런 행동을 하지 않게 된다.

걸음마 시기는 한마디로 '탐험의 시기'이다. 아이는 줄기차게 자신을 둘러싼 모든 환경을 탐험한다. 그 결과 온 집 안은 태풍이 휩쓸고 지나간 것처럼 아수라장이 된다. 만일 엄마가 걸음마 시 기의 이런 특성을 이해하지 못한다면 끊임없이 아이를 야단치면 서 아이의 자신감을 죽이고 자기 불신을 키우게 할 것이다. 엄마 또한 지칠 대로 지쳐 아이 키우기가 힘들어질 것이다.

엄마가 걸음마 시기에 아이에게 줄 수 있는 최상의 선물이 탐험의 자유이다. 따라서 인내와 관용을 가지고 아이를 칭찬과 격려로 이끌어 준다면, 아이는 모든 것을 자발적으로 하려는 자신감 넘치는 아이로 성장할 것이다.

이때 남편들은 아내가 아이를 키우면서 집 안을 깨끗이 하기를 기대해서는 안 된다. 내가 푸름이 엄마에게 잘해 준 것이 있다면 "밥을 못 얻어 먹어도 좋으니 푸름이와 놀 때는 집중해서 놀아 주세요."라는 한마디였다.

집에 들어와 푸름이 엄마가 아이와 놀고 있으면, 교대로 내가 아이와 놀아 주고 푸름이 엄마는 밥을 했다. 그런 환경 속에서 푸름이는 무서울 정도의 집중력을 키울 수 있었다.

역설적으로 들리겠지만, 걸음마 시기에 집 안이 깨끗하면 자신감 있는 아이로 키울 수 없다는 사실을 잊지 말아야 한다.

집 안을 아이의 호기심을
충족시켜 주는 곳으로 만든다

걸음마 시기에 아이를 위해 엄마가 내려야 할 결정은 집 안을 어른에게 편리한 공간으로 만드느냐, 아니면 아이에게 위험하지 않은 공간으로 만드느냐 하는 것이다. 만약 집 안을 어른에게 편리하도록 만들기로 결정한다면, 아이가 무엇을 하든 간에 "안 돼!"라고 하며 아이의 손을 때리거나, 물건에 손을 대지 못하게 하는 데 많은 시간과 에너지를 소비하게 될 것이다.

걸음마를 하는 아이에게 맞지 않는, 어른을 위한 집에서 걸음마를 하는 아이를 키우려는 것은 큰 잘못이다.

걸음마를 하는 아이에게 이 세상은 더할 수 없이 매력적이고 궁금한 곳이다. 이 시기의 아이가 나타내는 호기심은 나중에 학교나 사회에서 요구하는 호기심으로 자연스럽게 연결된다. 그 호기심을 하나하나 억압하면 배우려는 기본적인 동기를 억압할 뿐만 아니라 '자기 의문'을 남겨 놓게 되며, 성장하려는 아이에게 상처를 입히게 된다.

그러므로 이 시기에는 아이를 위한 집을 만들어야 한다. 아이를 가르치는 가장 좋은 방법 중 하나가 아이에게 적합한 주위 환경을 조성하는 것이다. 그러면 애초부터 아이를 야단칠 이유가 없어진다.

어떤 엄마가 "우리 집에 화초를 키우는데 아이가 자주 만져 몇 대 때려 주었더니 그 다음부터는 절대 안 만져요." 하면서 다른 사람에게 그렇게 하라고 충고하고 있었다. 이 엄마는 아이를 한 대 때릴 때마다 아이의 지적 호기심이 사라진다는 사실을 모르고 있는 것이다.

자식 교육에 관한 중대한 문제를 왜 이웃 엄마들의 말에 의존하는가? 그 시기에 화초를 키울 여유가 있다는 것도 대단하지만, 너무 일찍 말 잘 듣는 아이로 만들었다는 사실 또한 대단하다. 이럴 경우 아이는 호기심을 잃어버리게 된다.

아이가 어떤 것을 시도할 때마다 부모가 그 호기심을 하나하나 꺾어 버리면, 아이는 이 세상의 일을 알고 싶어하는 기분을 억압당하게 되고 무능력한 아이로 성장하게 된다. 따라서 집 안에 깨지기 쉬운 것이나 위험한 물건은 치우고, 아이가 자유롭게 집 안을 휘젓고 돌아다니며 탐색할 수 있도록 해 주어야 한다.

푸름이 엄마는 온 집 안을 아주 간단하게 만들었다. 우리 집에 처음 오시는 분은 문을 열고 들어오자마자 하는 말이 "이 집 이사 가요?"였다. 푸름이를 키울 때는 가구도 별로 없었다.

동전이나 단추같이 아이가 삼킬 수 있는 것, 못이나 칼같이 뾰족하고 위험한 것들은 아예 눈에 띄지 않게 두어야 한다. 약 상자나 세탁용 표백제 같은 유독물은 아이의 손이 닿을 수 없는 곳에다 치우고, 젓가락이나 포크 같은 것으로 찌를 수 있는 전기 콘센트는 안전 덮개를 덮어 두어야 한다.

이 시기의 아이는 보고, 듣고, 만지면서 배운다. 아이들은 부시맨이다. 사막에 콜라병이 떨어졌을 때 부시맨에게는 얼마나 신기한 물건이었던가! 어른들에게는 별것 아니지만 아이에게는 모든 것이 신기하고 또 신기하다.

그리고 아이는 어른이 하는 것을 흉내 내면서 배운다. 요리 놀이, 병원 놀이, 시장 놀이, 전화 놀이 등 어른이 하는 일을 흉내 내면서 세상을 배워가는 것이다. 아이에게 놀이를 못하게 한다거나 놀이 도구를 충분히 주지 않는 것은 결국 인생에 대해 배울 수 없도록 하는 것과 같다.

이때 아이의 놀이 도구는 장난감이나 완구만을 의미하지 않는다. 못 쓰는 전화기, 납작한 냄비나 깨지지 않는 그릇, 플라스틱 컵, 낡은 종이 상자 등 사소한 생활용품이 모두 아이의 놀이 도구가 될 수 있다.

이렇듯 아이들은 놀면서 배우지만, 부모가 보기에는 의식적으로 망가뜨리는 과정으로 오해할 수도 있다. 아이들이 책꽂이에서 책을 끄집어내어 책장을 찢고 있으면 아이들이 난폭한 것이 아닌가 걱정한다. 또 우유병을 집어던지고 심지어 음식을 집어던질 때는 부모의 인내심을 실험하는 것 같은 생각이 들기도 한다. 나중에도 계속 그러면 어쩌나 싶은 생각에 별별 걱정을 다 하지만, 아이가 놀면서 배운다는 것을 이해한다면 그런 걱정은 할 필요조차 없다.

아이가 책장을 찢는 것은 종이의 강도를 실험하는 것이고, 우유병을 집어던질 때는 탄성 계수를 실험하는 것이며, 음식을 던질 때는 공중 비상과 중력이라는 개념을 이해하기 시작했다고 생각해 보자. 아이의 행동을 좀 더 관대하게 바라볼 수 있는 여유가 생길 것이다.

하지 말라는 것은 더 해요

우리 아이는 엄마가 하지 말라면 더 하는 것 같아요. 아이가 장난을 쳐도 그냥 내버려 두어야 하나요? 위험하지 않은 건 괜찮아도 위험할 경우에는 어떻게 해야 하나요? 예를 들어 거실 창의 유리를 쾅쾅 친다든지, 더러운 것이나 해로운 것을 입에 넣는 행동 같은 거요. 그때도 가만히 보고 있어야 하나요?

하지 말라는 건 맞아 가면서도 더 하는 버릇이 있어요. 그땐 정말 말로는 안 된답니다. 열 번 관세음보살 하다가도 결국엔 매를 들게 돼요. 아이마다 특성이 다르듯이 받아들이는 정도도 모두 다르다고 생각합니다. 우리 아이에게 맞는 교육법은 어떤 걸까요?

[ID 소리마미]

장난은 아동 심리학에서 볼 때 '탐색 욕구에 바탕을 둔 행동'으로 정신 발달에서 중요한 의의를 가지고 있습니다. 여기서 탐색 욕구란 연구심이나 탐험심 등을 말하는 것으로, 강한 호기심을 바탕으로 손에 닿는 물건을 만지거나 입에 넣어 그 실체를 파악하는 행위입니다.

만일 '장난'을 야단치면 아이의 호기심은 억제되고, 스스로 성장하고자 하는 자발성도 멈추게 됩니다.

아이가 위험한 행동을 하거나 더럽거나 해로운 것을 먹는 것은 아직 그것이 위험하거나, 더럽고 해롭다는 것을 구별할 만한 분별력을 가지고 있지 못하기 때문입니다. 따라서 그러한 행동을 할 때 야단을 치면 오히려 자발성을 잃어버리고, 말은 잘 듣는 착한 아이가 되지만 무기력한 아이로 성장할 가능성이 더욱 커집니다.

될 수 있으면 아이가 분별력을 가질 때까지 그런 위험한 행동이나 더럽고 해로운 것을 먹는 상황이나 환경을 만들지 않도록 세심하게 배려하는 것이 올바른 교육 방향입니다.

하지 말라면 맞아 가면서 한 번 더 하는 아이의 행동은 그만큼 자발성이 발전하면서 건전한 발달을 이루고 있다는 증거이기도 합니다.

엄마가 조금 더 넓은 기준을 가지고 기다려 보세요. 정말 위험하거나 몸에 해로운 상황이라면 빨리 그 상황에서 벗어나야 합니다. 하지만 그렇지 않다면 막지 말고 허용하면서 경험을 쌓을 수 있는 기회를 주면 분별력이 발달하면서 오히려 위험한 장난은 빨리 사라집니다.

엄마가 조금만 생각을 바꾸면 발달을 눈으로 확인하는 기쁨으로 아이를 바라보게 됩니다. 아이의 욕구를 마음껏 충족시켜 주세요!

밖으로 나가고 싶어하는
아이의 욕구를 채워준다

아이에게 있어 자연은 더할 나위 없이 매력적인 장소이다. 모든 것이 탐색의 대상이며 흥미롭기까지 하다. 이때는 집 안에서 놀거나 책을 보는 것보다 자연에 나가 마음껏 뛰어놀면서 엄마와 대화를 나누는 것이 훨씬 발달에 도움이 된다.

푸름이도 많은 시간을 밖에 나가 놀았다. 우리 부부는 푸름이를 데리고 나가 개울의 둑을 걸으면서 여기저기 피어 있는 풀과 들꽃을 보여 주고 이름을 가르쳐 주었다. 빨갛게 피는 장미와 날아 다니는 잠자리, 껑충껑충 뛰는 메뚜기, 눈에 보이는 모든 것에 대해 이야기해 주곤 했는데, 얼굴이 새까맣게 그을릴 정도로 매일 나가 놀았다.

주말이면 또 푸름이를 데리고 강가로 나갔다. 강가의 모래밭에 푸름이를 풀어놓으면, 넘어지든 뛰어다니든 간에 다칠 염려가 없으므로 마음껏 뛰어놀 수 있었다.

걸음마를 하는 아이들은 달리거나 뛰어오르고, 걷거나 끌어당기는 등 근육을 발달시키는 놀이가 꼭 필요하다. 이 시기의 아이들에게 집 밖은 이런 활동이 행해지는 자연스러운 장소이므로 집밖의 놀이터에서 하루 종일 놀자고 졸라댄다.

놀이터에서 유아용 정글짐에 오르거나 낮은 미끄럼틀을 타면 대근육 운동을 할 수 있어 좋다. 그네는 작은 아이들에게 좋은 놀이 도구는 아니다. 제 힘으로 그네를 흔들 수 없기 때문이다. 또한 제 힘으로 흔들 수 있는 아이들이라도 다른 아이들과 부딪치거나 하면 의외로 큰 사고가 날 수 있다.

이 시기 아이에게 가장 좋은 놀이 도구는 움직이는 것보다는 정지되어 있어 올라갔다 내려갔다 할 수 있는 것이다.

걸음마 하는 아이에게 모래는 큰 호기심을 불러일으킨다. 아이는 손가락 사이로 모래를 흘러내리게 하면서 감각을 발달시키고, 모래산을 만들거나 컵에 모래를 담으면서 부피에 대한 개념을 자연스럽게 배울 수 있다. 또 없는 것으로부터 있는 형체를 만들어내면서 창의력을 기를 수 있다. 그래서 모래 놀이를 할 수 있는 도구나 양동이를 주는 것이 좋다.

두드리는 장난감이나 탑을 쌓을 수 있는 나뭇조각, 끌어당기면 소리가 나면서 앞으로 미끄러져 가는 장난감 자동차 등은 소근육 발달을 돕는 데 효과적이다.

이 시기에 아이들이 가장 좋아하는 놀이 중 하나는 물놀이다. 평상시에는 얌전하던 아이도 물만 보면 무척이나 활동적이 된다. 욕실에서 물놀이할 때는 물에 뜨는 공이나 컵, 장난감 등을 함께 주면 재미있을 뿐만 아니라 부력에 대한 개념 이해를 도울 수도 있다.

집에 들어오려고 하지 않아요

우리 아이는 기분이 좋으면 물건을 마구 집어던집니다. 이럴 때는 어떻게 가르쳐야 할까요! 그리고 일단 밖에 나가면 절대 집에 들어오려고 하지 않습니다. 낮이건 밤이건 무조건 밖으로 나가려고 하는 것은 좀 심한 것 같습니다. 어떻게 해야 하나요? 다행인 것은 자기 전에 책 읽어 주는 것을 무척 좋아한다는 거예요.

[ID 월령]

설마 기분이 좋다고 엄마 아빠가 아이 앞에서 무조건 다 집어던진 것은 아니겠지요? 아니면 부부 싸움 중에 집어던지는 것을 아이에게 보여 주신 것은 아닌지요? 혹은 아이가 스트레스 받는 상황에 있는 것은 아닌지요?

그것이 아니라면 집어던지는 것은 아이에게 일종의 '놀이'라고 보면 됩니다. 집어던지지 말라고 야단치는 것보다는 차분하게 그런 행동이 남에게 피해를 줄 수 있다는 것을 이야기해 주세요. 어느 날 집어던지는 것이 별로 좋은 행동이 아니라는 것을 깨닫게 되면, 지속적으로 부모가 집어던지지 않는 한 그런 행동은 하지 않게 될 것입니다.

지금은 아이가 밖에 나가서 노는 것을 배우고 일단 나가면 잘 안 들어오려고 발버둥치는 시기입니다. 특히 남자 아이들은 더욱 활동적으로 나가 놀기를 좋아합니다.

아이와 함께 바깥에서 많은 시간을 보내 보세요. 밖에 나가 놀면서 아이는 자연을 관찰하고, 여러 가지 사물의 이름을 배웁니다. 그런 사물들을 보면서 엄마가 다양한 이야기를 곁들여 준다면 아이에게는 최고의 시간이 된답니다.

예를 들어 아파트 소나무 아래에도 새파란 풀이 돋아나고 개미도 기어 다닐 것입니다. 그것을 보여 주시고 이야기해 주세요. 주말이면 아이를 데리고 근처 공원에 가서 활짝 핀 꽃들을 보여 주고, 동물원이나 식물원, 박물관도 둘러보세요. 먼저 엄마가 책을 읽고 기본 지식을 가지고 있다면 더욱 효과적입니다.

장미를 보면서 그것이 어느 때 피고 지는지, 엄마가 느끼는 아름다움을 이야기해 주고, 장미 가시에 얽힌 이야기, 나비와 벌에 대해서도 이야기해 줄 수 있답니다.

아이에게는 모든 것이 이야기의 소재입니다. 자연을 가르치라는 것은 자연을 매개로 하여 아이와 무궁무진한 대화를 나눌 수 있기 때문입니다. 그러는 사이에 아이는 사물을 인지할 뿐만 아니라 세상의 다양한 것들과 관계를 배워 나갑니다.

아이가 자꾸 밖으로 나가자고 하면 집안일을 소홀히 할 수도 있겠지요. 하지만 집안일보다는 아이가 배울 수 있는 시기에 배움을 주는 것이 훨씬 중요하다고 생각합니다.

칭찬과 격려로
아이의 호기심을 이끌어 준다

구미에 강연 갔을 때의 일이다. 한 엄마가 남자 아이를 키우고 있는데 장난이 너무 심해 한 대 두 대 때려 주었더니, 이제는 아무리 때려도 말을 듣지 않고 더욱 산만해져서 걱정이라고 했다.

그때 나는 두 가지를 부탁드렸다. 첫째는 아이가 부정당할 수 있는 여지가 있는 곳에 데려가지 말고, 둘째는 끊임없는 칭찬과 격려를 통해 아이의 자존감을 높여 주라고 했다.

1년이 지난 후 강연에서 그 엄마를 다시 만날 수 있었다. 아이를 야단칠 상황을 만들지 않도록 외출할 때도 주의했고, 아이의 행동을 세심하게 관찰하며 사소한 일이라도 잘하기만 하면 끊임없이 칭찬과 격려를 해 주었더니 이제는 아이와 모든 것이 대화로써 가능하다며, 인생에서 정말 큰 깨달음을 얻었다고 눈물을 글썽였다.

난로와 같이 치울 수 없는 위험한 물건에 대해서는 부득이 아이에게 "안 돼!", "하지 마!"라는 말을 해야 할 때가 있다.

그러나 이때도 그저 "안 돼!"라든가 "만지면 안 된다!"와 같이 막연하게 말해서는 안 된다. 걸음마 시기의 아이들은 엄마의 이러한 금지가 어떤 한 가지 행동만 가리키고 있다는 사실을 알지 못하고 모든 호기심에 대한 금지로 받아들이기 때문이다.

아이는 "안 돼. 난로는 뜨겁단다."라든가 "안 돼. 불은 위험하단다."처럼 구체적인 금지 이유를 설명해 주어야 알아듣는다. 이렇게 하면 특정한 것, 예를 들어 뜨거운 난로나 불이 위험하다는 사실도 아이에게 가르쳐 줄 수 있다.

푸름이 엄마는 위험한 것이 있으면 하지 말라고 야단치기보다는 먼저 조심스럽게 해 볼 수 있는 기회를 주었다. 주전자가 뜨거우면, 먼저 이것에 손을 대면 다친다는 것을 알려 주었다. 그리고 푸름이 엄마가 푸름이 손을 잡고 다치지 않을 정도로 주전자에 손을 살짝 대 주면 푸름이는 그 다음부터 조심했다.

하지만 차분히 설명해 줘도 아이가 계속 뜨거운 것을 만지려한다면, 그때는 소리 지르는 것보다 아이의 주의를 다른 곳으로 돌리는 게 현명하다.

다행히도 이 시기 아이들은 한 가지 일에 집중하는 시간이 매우 짧다. 그렇기 때문에 "자, 이리 와 보렴. 여기 재미있는 것이 있네." 하면서 주의를 돌리면, 야단치지 않으면서도 분별력 있는 아이로 키울 수 있다.

아이가 남을 때리거나 머리를 벽에 박는 자학 행동을 할 때, 하지 말라고 야단을 치면 오히려 부모의 부정적인 관심으로 받아들여 그런 행동을 더욱 발전시킨다.

이럴 때는 남을 때리지 않거나 머리를 박지 않아 이마가 깨끗할 때, "남을 때리지 않아 엄마 마음이 기쁘네.", "이마가 깨끗해서 너무 좋구나." 하는 식으로 칭찬을 해 주는 것이 아이의 행동을 더 쉽게 바꿀 수 있는 지름길이다.

아이가 너무 산만하대요

우리 아이는 18개월 되었는데, 아기 때부터 책을 읽어 주었습니다. 아이가 놀고 있을 때 "아빠가 감이 먹고 싶다." 하면 《주렁주렁》이라는 책을 찾아오고, 또 "호호 박사님이……." 하고 이야기하면 《호호 박사님》 책을 찾아옵니다. 동물 소리나 흉내를 가르쳐 주면, 금방 따라 하고 흉내를 냅니다. 그런데 주위 사람들은 우리 아이가 너무 산만하다고 합니다. 만지려고 하는 것이 너무 많고, 어떤 물건에 대한 호기심이 있으면 끝까지 그것을 열어 보고 파헤쳐야 그만 두거든요. 우리 아이의 발전 가능성에 대한 조언 부탁 드립니다.

[ID 우화아빠]

 아빠가 이렇게 질문을 하고 아이를 키우는 공부를 하니 정말 보기 좋습니다. 아이는 아빠의 열성과 깨달음만큼 성장할 것입니다.

아이가 동물 흉내를 따라 하고, 물건에 대한 호기심 때문에 열어 보는 것은 매우 바람직한 현상으로, 앞으로 배움에 대한 호기심으로 계속 연장될 것입니다.

영재성을 가진 아이들은 보통 남들이 보기에는 산만해 보일 때가 많습니다. 너무 호기심이 많아서 이것저것에 모두 관심을 보이기 때문에 외면상 많이 산만해 보이는 것이지요.

그러나 순간순간 몰입하는 힘이 강하고, 집중할 때는 하나에 깊이 집중합니다. 또한 정서적인 불안감이 없습니다. 야단을 많이 맞고 자란 아이도 산만해 보이는데, 이때는 정서적인 불안감이 있어 지켜보는 사람도 불안감을 느끼지요.

아이의 상상력과 기억력도 아주 뛰어난 것 같습니다. 상상을 통해 놀이와 책을 연결시키고 있으니까요. 아빠가 지금처럼 꾸준히 한다면 아이는 아빠의 칭찬과 격려만큼 잘 성장할 것입니다.

무엇이든 엎으려고 해요

저는 요즘 우리 아들한테 약이 올라 있답니다. 물을 잘 마시고는 컵에 남아 있는 물을 그냥 바닥에 부어 버리거든요. 그러고는 절 빤히 쳐다봅니다. 제가 '또야!' 라는 표정으로 보고 있으면 물을 흘렸다며 걸레를 찾아요.

또 국그릇이든 뭐든 엎으려고 합니다. 그리고 이 그릇에 있는 것을 저 그릇으로 마구 옮깁니다. 18개월 사내 아이인데, 요즘 제게 스트레스를 엄청 주고 있습니다. 도대체 왜 그러는지 모르겠어요. 부모님들은 때려 주라고 하는데, 어떻게 해야 할까요?

[ID 빈궁마마]

국그릇을 엎으면 어떻게 될까요? 아이는 이것이 무척 궁금합니다. 그래서 이것도 엎고 저것도 엎고 보이는 대로 모두 엎어 버리는 것이지요. 아이는 호기심이 풍부하여 에디슨처럼 과학자의 자세로 실험하고 있는 중입니다.

또 한 가지, 국그릇을 엎으면 엄마가 어떻게 반응할까요? '또야!' 아이에게는 무척 재미있는 엄마의 표정입니다. 계속 그릇을 엎게 하려면 엄마가 계속 반응을 보여 주세요. 때리거나 야단쳐 보세요! 그것도 관심이니까 아이의 행동은 더욱 심해질 것입니다. 아이의 마음에 공감해주면 아이의 그러한 행동은 줄어들게 됩니다.

아이가 좀 엎어도 인내심을 가지고 요란스럽게 반응하지 말아 보세요. 아이에게 조금 더 많이 엎을 기회를 준다면 절대 아이의 호기심은 잃지 않게 될 겁니다.

푸름이를 키울 때는 이런 일도 있었습니다. 하루는 푸름이가 오줌을 싼 컵이 방바닥에 있었지요. 푸름이 눈빛이 그 컵을 차고 싶어하기에 얼른 그 컵을 집으려는 순간, 발로 찬 오줌이 정면으로 제 얼굴에 날아 왔습니다.

어떻게 되었을까요? 그냥 조용히 뒤집어쓰는 수밖에 없었답니다. 애초에 그것을 발로 차라고 둔 제 잘못이지요.

매번 엎어 버리는 것을 닦기 싫으면, 아이에게 그런 기회를 주지 않으면 됩니다. 또 그런 일이 일어나면 아예 무관심하거나, 아니면 그렇게 하지 않았을 때 엄마의 기쁨을 아이에게 표현해 보세요.

조금 시간이 지나 분별력이 생기면 "네가 그릇을 엎을 때 엄마가 어떻게 하나 보고 싶어서 그런 거지?", "그런데 엄마가 방을 치우려면 힘들거든. 네가 좀 치워 줄래?" 하면서 자기가 저지른 일은 자기가 수습하도록 이야기하세요.

36개월이 지나서도 아이가 그릇을 엎는다면 단호하게 엄마의 의지를 보여 주면서 경계를 주어야 하지만, 18개월 아이에게는 세상을 알기 위한 호기심일 뿐입니다. 아이가 세상이 궁금해서 그런 거라고 기쁜 마음으로 바라보세요.

먹지 않을 때는 그냥 내버려 둔다

아이가 생후 일 년쯤 지나면 전처럼 많이 먹지 않는다. 그러나 아이가 잘 먹지 않는다고 염려할 필요는 없다. 아이는 알아서 스스로 균형 있게 먹는다. 그런데 엄마는 아이가 먹지 않는 것이 걱정되어 억지로 먹이려 해서 문제가 생긴다. 숟가락을 들고 다니며 한 입이라도 먹이려 할수록 아이는 더욱 먹지 않을 것이다.

밥을 잘 먹지 않는 아이를 살펴보면 대부분 엄마들이 쫓아다니며 밥을 먹인다. 그런 행동이 문제를 더욱 심각하게 만든다는 것을 모르는 채 말이다.

아이가 식사 시간에 밥을 잘 안 먹고 딴 짓을 하고 있으면 배가 불러 그러려니 하고 음식을 치우면 된다. 걸음마 시기의 아이들은 놀면서 먹는 일이 흔하다. 이것은 식사 이외의 일에 더 흥미를 갖기 시작했음을 의미한다.

아이가 음식을 휘젓거나 식탁을 숟가락으로 두드리거나 바닥에 음식을 던지는 것은 걸음마 시기의 아이들에게는 당연한 일이다. 이럴 경우 엄마는 참을성 있게 놀이 사이사이에 한 입씩 먹이거나, 정 식사에 관심이 없어 보이면 충분히 먹었다고 생각하고 치우면 된다. 그러다 곧 밥을 달라고 아이가 칭얼대면 다시 밥을 주면 된다.

이 시기 아이들은 숟가락이나 젓가락을 잡는다든가 제 손으로 먹고 싶어하는데, 그때는 스스로 해 볼 수 있는 기회를 주어야 한다. 아이가 혼자서 밥을 먹으면 집 안을 어지럽히는데, 이는 당연한 현상이다. 아이의 발달을 감안한다면 밥 가지고 장난 친다고 야단 칠 필요가 없다.

아이가 혼자서 먹으려는 것은 자발성을 키우려는 시도이다. 방 바닥에 신문을 깔고 혼자 먹을 수 있도록 해 주면, 온 천지가 밥풀로 덮이기는 하지만 아이의 자발성은 무럭무럭 자란다.

대부분의 아이들은 12~16개월 사이에 제 손으로 먹고 싶어한다. 만약 이 시기에 부모가 스스로 먹을 기회를 주지 않아 24개월이 지나면서 기회를 놓치게 되면, 그때는 제 손으로 먹는다는 것이 아이들에게는 그다지 신기한 일로 여겨지지 않는다. 그래서 오히려 엄마가 먹여 주기를 바란다.

아이가 스스로 먹으려 할 때 부모가 먹여 주면 아이는 자발성을 배우지 못한다.

잘 먹지도 않고 까탈스러워요

우리 아이는 태어날 때부터 잘 먹지 않고 까탈스러워서 지금까지 편할 날이 없었습니다. 또 낯도 무척 심하게 가려요. 돌 이후부터 그랬던 것 같아요. 유모차를 끌고 가다 사람들이 쳐다보면 손으로 눈을 가리고 성질을 부립니다.

제가 다른 사람들과 이야기하면 씩씩거리면서 화도 내요. 또 주변 사람들과 어울리면 제 품에 얼굴을 묻고 절대 떨어지려 하지 않고 매우 불안해합니다. 배가 고플 텐데 밥도 잘 먹지 않는답니다.

제가 딸아이에게 자주 불러 주는 '곰 세 마리' 노래가 집에 있는 동요 CD나 비디오에서 나오면 매번 성질을 냅니다. 동요 CD에서 나오는 노래를 제가 따라 부르는 것도 싫어합니다.

원래 아이가 사람들 많은 곳에 가는 걸 극도로 싫어해서 밖에 잘 나가지 않았는데, 그래서 이런 증상이 더 심해진 걸까요? 집 안에서 아이의 눈높이에 맞추어 생활하고 놀아 주면 큰 문제 없을 거라 생각했는데, 아이가 다른 아이들과 정서적으로 많이 달라서 고민입니다.

[ID alpo]

아이는 엄마를 독점해서 충분히 사랑받는 시간이 있어야 합니다. 교육의 근본은 부모의 배려 깊은 사랑입니다. 특히 생후 18개월 이내에는 다른 어떤 뛰어난 교육도 부모의 사랑을 충분히 받는 것만큼 결코 중요하지 않습니다.

아이는 엄마와 떨어지면 자신의 생명이 위협받게 됨을 너무도 잘 알고 있습니다. 따라서 필사적으로 엄마에게 매달리는 것이지요. 이 과정은 아이가 낯가림을 하고 애착을 형성하는 과정입니다.

이때 부모가 아이의 어떤 요구든 이의를 달지 않고 받아 주면, 아이는 '나는 사랑받을 만한 존재야.'라는 생각을 하게 됩니다. 그리고 '엄마는 항상 그 자리에 있으므로 불안할 필요가 없네.' 하면서 엄마를 놔 두고 세상으로의 탐색을 시작합니다.

18개월까지는 어떤 이의도 달지 말고 그냥 무조건 받아 주세요. 그렇다고 아이가 절대 나쁜 버릇을 갖게 되는 것이 아닙니다. 지금 아이가 엄마에게 매달리는 것은 엄마의 사랑을 갈구하는 행동입니다.

그리고 아이를 먹이려고 고민하지 마세요. 아이가 먹지 않아 굶어 죽는 일은 없답니다. 지금은 아이가 느낄 수 있도록 마음껏 안아 주고 사랑해 주세요. 그 감정이 충족된 다음에 먹을 것입니다.

충분히 사랑을 받고 나서야 노는 것이든 책을 읽는 것이든 의미가 있습니다. 아이를 일관되게 사랑해 주세요.

고추를 만진다고 혼내지 않는다

생후 14~15개월 되는 아이를 목욕시키다 보면, 아이가 고추를 만지거나 주무를 때가 종종 있다. 이때 많은 엄마들이 아이의 손을 때리면서 "못써요, 그러면 못쓰는 거야." 하며 야단을 치거나 화들짝 놀라는 반응을 보인다.

엄마의 이러한 행동들은 오히려 아이에게 생식 기관에 대한 이상한 관심을 갖게 하여, 생식 기관을 금기시하는 잘못된 생각을 하게끔 만든다.

걸음마 시기의 아이가 고추를 만진다고 해서 문제가 될 것은 전혀 없다. 아이에게 있어 고추는 귀나 발가락 같은 자기 몸의 일부에 지나지 않는다. 그래서 자연스럽게 만지는 것뿐이므로 호들갑스러운 반응을 보이지 말자.

더불어 눈, 코, 귀, 다리 등 우리 몸의 다른 부분과 마찬가지로 아이에게 생식 기관과 배설 기관의 이름을 가르쳐 주면 아이도 자연스럽게 받아들인다.

평소에 목욕을 하면서 부모의 벗은 모습을 보여 주고 '손가락', '발가락', '다리'와 마찬가지로 '고추'에 대해 가르쳐 주면 아이는 몸의 각 부분에 대해 긍정적인 생각을 갖게 된다. 그리고 더 나아가, 남녀의 차이를 받아들이고 정상적인 성적 정체성을 발달시켜 나간다.

찌찌를 자주 만져요

우리 딸이 찌찌(성기)를 자주 만집니다. 그래서 볼 때마다, "찌찌 자꾸 만지면 병균 옮아서 병원 가야 돼!" 하고 제재를 합니다. 이런 반응이 그 행동을 더 강화시키는 건 아닐까요?

그리고 아이가 아빠를 좀 적대시하는 면이 있습니다. 무지 냉담할 때도 있고, 마치 없는 것처럼 행동할 때도 있습니다. 하루 이틀도 아니고 아빠도 은근히 상처를 받는답니다. 대체 왜 그런 걸까요?

[ID 귀염맘]

 아이에게 "찌찌 자꾸 만지면 병균 옮아서 병원 가야 돼!" 하는 제재가 그 행동을 더욱 강화시킵니다.

푸름이와 초록이는 생식 기관을 금기시하지 않았기에 일상에서 아주 자연스럽게 남녀의 차이를 받아들였습니다. 그리고 둘다 사춘기를 힘들지 않게 보냈습니다. 그저 가끔씩 엄마에게 톡 쏘는 듯한 뉘앙스에서만 사춘기임을 알 수 있었지요.

아이에게 있어 생식 기관은 발가락이나 손가락 같은 개념입니다. 아이가 발가락을 만진다면 엄마는 호들갑스럽게 반응하지 않겠지요. 같은 이치입니다. 일정한 시간이 지나면 아이의 관심은 생식 기관에서 자연스럽게 다른 것으로 옮겨갑니다. 엄마가 자연스럽게 대응해 주면 아이의 정상적인 성적 정체감을 발달시키는 데 도움이 됩니다.

아빠를 적대시하는 것은 엄마에게 애착을 형성해서 아이가 엄마 편에서 있기 때문입니다. 당장은 아빠가 서운하겠지만 엄마와 아빠가 사이가 좋으면 곧 아빠를 따르게 될 것입니다. 제가 보기에 아주 정상적인 발달을 보이고 있습니다.

●

4장

제1반항기(18~36개월)

제1반항기 아이의 발달 과업은
자신에 대한 확고한 느낌, 즉 한 인간으로서
자신이 누구인가를 배우는 일이다.
동시에 부모나 사회가 자신에게 바라는 것에
순응하는 법을 배워야 한다.
참된 의미의 자아에 눈을 뜨는
최초의 시기라 할 수 있다.

제1반항기

●● 걸음마 시기를 졸업한 아이는 이전 단계와 확연히 구분되는 제1반항기에 접어든다. 이전까지 아이는 부모가 자기 의사에 어긋나는 말을 해도 감정을 겉으로 드러내지 않고 "싫어!"라고만 할 뿐 그것 때문에 소란을 피우는 일은 드물었다.

그런데 어느 날 갑자기 "싫어! 안 먹어!" 하면서 감정 섞인 말로 거부 의사를 밝히면 아이가 제1반항기에 접어들었다는 신호로 보면 된다.

아이의 행동이 나이를 먹으면서 원만하고 균등하게만 성장하는 것은 아니다. 오히려 아이의 성장과 발달은 6~12개월 주기로 다루기 쉬운 균형 단계와 감당할 수 없는 불균형 단계가 서로 교차하며 이루어진다. 걸음마 시기가 균형 단계라고 하면, 그 다음은 불균형 단계인 제1반항기가 온다. 대개 우리 나이로 홀수 연령인 세 살, 다섯 살, 일곱 살이 불균형 단계이고 짝수 연령인 두 살, 네 살, 여섯 살은 균형 단계라고 볼 수 있다.

이 책에서는 제1반항기의 시기를 18개월부터 36개월까지로 좀 더 넓게 잡았다. 빠른 아이들은 18개월부터, 늦은 아이들은 24개월을 시점으로 제1반항기가 시작되며 30개월에 정점을 이루다가 36개월 이전에 대략 끝난다.

이 시기 자화상의 안경에는 '자아 정체감'과 '사회적 순응'이라는 서로 상반된 렌즈가 추가된다. 이 단계에 있는 아이의 발달 과업은 자신에 대한 확고한 느낌, 즉 한 인간으로서 자신이 누구인가를 배우는 일이다. 동시에 부모나 사회가 자신에게 바라는 것에 순응하는 법을 배워야 한다.

아이들은 태어났을 때 '자기'라는 의식이 없다. 자기를 둘러싸고 있는 환경 속에서 '자기'와 '자기 아닌 것'을 구별할 줄 알게 되기까지는 다소 시간이 걸린다.

걸음마 시기의 아이는 돌아다닐 수 있다고는 해도 아직은 아기이므로 순진하고 귀여우며 욕구도 일방 통행이다. 반면 제1반항기에 오면 이미 순진하지도 귀엽지도 않고, 자기 생활에 대해서도 일방 통행이 아닌 대면 통행이다.

또한 자신이 누구이며 어떻게 사회에 순응해야 하는가와 같은 큼직한 모순과 싸우기 때문에, 참된 의미의 자아에 눈을 뜨는 최초의 시기라 할 수 있다.

제1반항기,
부모의 역할이 중요한 시기이다

　이 시기는 십대의 사춘기(제2반항기)와 비슷한 특징을 보인다. 십대는 아이에서 어른으로 바뀌는 과도기이다. 아직은 자립한다든가 스스로 한계나 규율을 정할 만큼 성숙하지 못하다. 부모가 정해 준 한계 내에서 겨우 심리적인 균형 상태를 유지할 뿐이다.

　그러나 아이가 어른이 되기 위해서는 아이로서의 즐거운 생활을 가능하게 했던 행동 양식에서 벗어나, 어른으로서의 행동 양식을 배우지 않으면 안 된다. 즉 한 단계 위로 성장하려면 불균형 상태인 반항기를 반드시 거쳐야 한다. 그래서 십대를 반항기라고 한다.

　이 기본 개념을 알면, 십대가 이상한 음악을 좋아하거나, 색다른 머리 모양을 한다거나, 부모가 원하는 모든 것을 무조건 거부하는 심리를 충분히 이해할 수 있을 것이다.

십대들은 자신이 진정 원하는 것이 무엇인지 잘 모른다. 자신이 무엇을 원하는지 알기 위해서는 먼저 이제까지 자신에게 주어졌던 부모님의 소망과 바람이 정말 자신이 원했던 것인가를 회의하고 부정할 시간이 필요하다. 좀 더 긍정적인 자아 정체감을 얻기 위해 부모가 갖고 있는 가치와 욕구를 부정하는 과정이 선행되어야 하는데, 이 과정에서 십대는 혼란과 긴장 그리고 정서적 불안을 느낀다.

제1반항기는 아기에서 어린아이로 바뀌는 과도기이다. 정서적인 폭풍우와 스트레스로 충만되어 있으며 반대와 반항의 벽을 갖는다. 이 시기 아이는 참된 자아 의식을 확립하기 위해서 어떤 일이 있어도 하지 않으면 안 되는 일이 있다. 바로 부모에게 반항하고 무슨 일이든지 반대하는 것이다. 자신이 누구이며 자신을 만족시키기 위해서는 무엇을 해야 하는지 알아내기 위해 부모가 시키는 것을 부정하고 맞서는 단계를 경험하는 것이다. 즉 이 나이의 부정적인 자기 주장은, 긍정적인 자기 주장에 도달하기 위한 하나의 싸움이라 할 수 있다.

이 시기 아이들의 행동은 아직 아기에 머물러야 할지, 아니면 전진해서 어린아이가 되고 싶은지를 몰라, 이리저리 부모를 시험해 보면서 어느 것이 옳은지 가르쳐 달라고 요구하는 것과 같다. 하지만 부모 입장에서는 무척 힘든 시기이다.

예를 들어 아이가 아침에 눈을 뜨고 "엄마 배고파. 나가자." 하면, 엄마는 "그래, 나가자." 하며 "목마르지. 물 줄까?" 한다. 그런데 아이는 다짜고짜 울기 시작한다. 엄마가 당황하여 "그래, 알았어. 먹지 마."라고 해도 "싫어!"를 연발하며 계속 우는 경우가 있다.

이것은 아이가 그날그날에 따라, 또는 시간에 따라 독립하고 싶다는 희망과 엄마에게 의지하고 싶다는 욕구 사이에서 갈팡질팡하고 있기 때문이다. 엄마가 "그래, 나가자."는 말을 할 때까지는 엄마가 먹을 것을 주었으면 좋겠다는, 엄마에게 의지하고 싶은 마음이 있었다. 그런데 "목마르지. 물 줄까?" 하자 그때는 자기 스스로 먹고 싶은 마음이 강했는데, 엄마가 먼저 독립된 마음을 깨뜨렸으므로 울음을 터뜨리는 것이다.

옷을 입을 때도 혼자 입겠다고 떼를 쓰기도 하지만, 또 어떤 때는 아기처럼 엄마가 입혀 주기를 바라기도 한다. 아이스크림을 사기 위해 가게에 들를 것이냐 말 것이냐 하는 간단한 문제를 가지고도 한바탕 소동을 치르게 마련이다.

아이가 제1반항기라는 사실을 모르면 부모는 참다참다 지금까지의 교육이 잘못된 것이 아닌가 싶어 자기도 모르게 손이 올라가는 상황이 연출되기도 한다. 강연 중에 언제 처음으로 아이에게 매를 들었는지 물으면 대부분의 엄마들이 이 시기라고 대답하는 것만 봐도 알 수 있는 것처럼, 부모나 아이 모두가 힘든 시기를 보내게 된다.

버릇이 없고 고집이 너무 세요

아침에 출근하는데 둘째 녀석이 점퍼를 입지 않겠다고 떼를 쓰더니 아예 드러눕는 거예요. 방바닥에 머리까지 찧으며 울다 급기야 토하기까지 했지요. 다른 점퍼로 바꿔 입혀 겨우 진정시켰는데, 저나 이모한테 버릇없이 굴어 사과시켰습니다.
아이가 너무 버릇 없고 고집 세고 반항적입니다. 씩씩거리며 흘겨 보고, 몸에 손도 대지 못하게 합니다. 전 어른들한테 버릇없이 구는 건 처음부터 바로잡아야 한다고 생각해서 아이가 이럴 때마다 따끔하게 혼내 줍니다. 체벌은 안 하기로 굳게 마음먹었는데, 오늘 아침엔 정말 때려 주고 싶었습니다. 이럴 때는 어떻게 해야 할까요?

[ID 지수네]

아이가 전혀 힘들 이유가 없는데, 엄마가 그만 힘들게 만들었네요. 엄마가 지금 자신이 가지고 있는 편견의 틀 안에 아이를 맞추려 하고 있습니다. 엄마가, 아이가 어떻게 성장해 나가는지 발달을 이해하지 못한다면 앞으로도 이런 일은 계속 일어날 것입니다. 아이는 지금 제1반항기에 들어서고 있답니다.

제1반항기는 아기에서 어린아이로 발달하면서 어느 곳에 머물러야 할지 아이가 혼돈스러운 상태입니다. 따라서 아이는 '싫어', '안 할래', '안 돼'와 같은 단어를 사용하면서 엄마에게 어느 것이 옳은지 가르쳐 달라고 하는 중입니다. 이때 아이는 아주 간단한 문제에도 어떻게 해야 할지 몰라 떼를 쓰는데, 그럴 때 부모는 무척 힘든 상황에 직면하게 되지요.

이 경우에는 아이가 점퍼를 입을지 말지를 고민하는 것입니다. 만일 이때 엄마가 "점퍼가 마음에 들지 않아서 그래?" 하면서 아이의 마음에 적극적으로 공감해 주었다면 어떻게 되었을까요? 아이의 싫다는 감정을 인정해 주었다면 그런 난리를 치르지 않아도 되었을 겁니다.

아이가 감정을 표현할 때는 말려서는 안 됩니다. 그것이 행동으로 옮겨졌을 때만 단호하게 엄마의 의지를 표현하면 된답니다.

자금 엄마에게 필요한 것은 아이에 대한 깊은 신뢰입니다. 그런데 엄마는 이대로 놔 두면 아이의 버릇이 없어지는 게 아닌가 하는 걱정을 하고 있습니다. 버릇 없이 굴었다고 사과까지 시켰으므로 아이의 자존감은 형편없이 무너졌습니다.

아이의 마음을 잘 읽어 보세요. 아이의 눈빛을 보면서 무엇을 요구하는지 생각해 보면 아이가 원하는 것을 느낄 수 있습니다. 엄마가 좀 더 일관성을 가지고 아이와 밀착해서 아이의 요구를 들어주시기 바랍니다.

온몸으로
세상과 부딪치며 배운다

제1반항기 아이들의 특징은 자아를 찾아가는 과정에서 자립심이 발달하고, 원기왕성하며, 열의가 넘쳐 주체하지 못할 정도로 에너지가 넘친다는 것이다. 동시에 완고하고 융통성이 없으며 변덕이 죽 끓듯 심하다.

이 시기가 되면 아이는 놀라울 정도로 활동력이 증가한다. 잠을 자는 시간도 줄어들고, 명랑하며 감각적인 생활을 한다. 또 스스로 체험한 세계에 대해 열정적이며 관심이 매우 크다. 한마디로 말하면 온몸으로 세상과 부딪치면서 배우는 시기이다.

언어 발달 또한 급격하게 이루어져 이전에는 '지금 현재 일어나는 것'에만 관심을 갖던 아이가 과거나 미래 그리고 현재 있지 않은 사람과 사물에 대해서도 이야기할 수 있게 된다.

반면 타협이나 인내, 순응을 잘 하지 못하며, 갖고 싶은 것이 있으면 당장 사 달라고 조른다. 일상의 일에 대해서도 엄격한 순서를 정해 놓고 순서대로 진행하도록 요구한다.

또한 똑같은 행위나 말을 되풀이하며, 낡은 것이나 친숙한 것을 매우 소중히 여겨 새로운 음식물이나 옷 등은 잘 받아들이려 하지 않는다. 그래서 부모가 동화책을 읽어 줄 때 이야기를 조금 바꾸거나 빼먹기라도 하면 틀린 것을 지적할 뿐만 아니라 짜증을 부리고 화를 내기도 한다.

어느 때는 불쑥불쑥 자기의 요구를 180도 바꾸기도 한다. 컵에다 물을 따라 주면 밥공기에 따라 달라고 했다가, 밥공기에 주면 다시 컵에 달라고 요구한다.

신발끈을 묶는 것처럼 아직은 혼자 하기에 버거운 과제도 자기가 한다고 고집을 피우다가 그 일을 끝내지 못하면 울음을 터뜨리거나 떼를 쓰는 것도 다반사다.

이런 제1반항기 아이에게 규칙과 제한은 융통성 있게 적용해야 한다. 목욕을 하거나 잠자는 시간을 부모가 일정한 규율로 묶어 두려는 생각은 아예 하지도 말아야 한다.

규칙이나 제한은 적어도 아이가 제1반항기가 끝나는 36개월 이후에 정하는 것이 바람직하다. 따라서 이 시기에 부모는 제한된 규칙보다는 보다 넓은 기준을 가지고 아이를 대하고 받아들여야 한다.

만 세 살이 안 된 아이에게 도서관에서 뛴다고 야단을 치면 잘

못은 전적으로 부모에게 있다. 아직 아이는 도서관에서 뛰어서는 안 된다는 규칙을 받아들이기에 너무 어리다. 현명한 부모라면 애초에 도서관에 데려가서 아이가 부정당할 기회를 만들지 말아야 한다. 그런 면에서 36개월 이전에는 친정집 등에 가는 것도 조심해야 한다. 분명 뛰거나 만지지 말라는 등 아이가 부정당할 상황이 생기기 때문이다.

이 시기의 아이는 엇갈린 감정이나 욕구로 가득 차 있다. 그렇기 때문에 부모의 좁은 기준에 억지로 맞추려고 하면, 외관상으로는 말 잘 듣는 착한 아이로 자랄지 모르지만, 내면으로는 부정적이고 적의를 가진 아이로 성장할 가능성이 높다.

아이의 반항을 매우 엄격하게 길들여 말 잘 듣는 아이로 만들면, 적어도 그 시기에는 얌전하고 수동적인, '착한 아이'로 성장할지 모른다. 그러나 학교에 들어가면 겁이 많고 다른 아이와 잘 어울리지도 않으며 홀로 고립되어 있는, 위축되고 패기 없으며 모험을 두려워하는 아이가 된다.

또는 마지못해 부모가 기대하는 대로 행동하지만 아무도 보지 않으면 나쁜 행동을 하거나 동생을 괴롭히는 등 주위에 적의를 드러내는 독선적이고 편협한 아이로 성장한다.

그렇다고 무조건 아이가 요구하는 대로 오냐오냐 다 해 주며 방임한다면, 성장 과정에서 순응하는 법을 배우지 못하기 때문에 규율을 무시하는 문제아로 자랄 수도 있다.

아이가 전철에서 마구 뛰어다니거나, 심지어는 도서관에서 뛰
는데도 부모가 아무런 경계를 주지 않는다면 아이는 방임의 상태
에서 성장하고 있는 것이다.

공격적인 데다 점점 퇴보하는 것 같아요

전 하루의 시작이 두렵습니다. 늦잠 자는 우리 아이, 10시나 되면 일어
나서 우유 달라, 초콜릿 달라, 사탕 달라 등 이런 말로 하루를 시작합니
다. 밥을 챙겨 주면 쳐다보려고 하지도 않습니다. 그래 굶어라 하고 내
버려 두면 하루 종일 냉장고만 죽어라 여닫습니다.

문화 센터에 가거나 친구들을 만나면 다른 아이들도 때립니다. 우리 집
에 놀러 왔던 친구들이 모두 발길을 뚝 끊을 정도예요. 지금 29개월인
데 수그러들 기미가 전혀 보이지 않습니다. 제 성질로는 도저히 다스리
기 힘들어서 자주 매도 들고 소리도 치고 협박도 합니다.

요즘 한창 말을 잘하는데, '야 인마, 자식아, 새끼야.' 등 제 입에서 가르
치지도 않은 나쁜 말들을 서슴없이 하고 다닙니다. 요즘 제 인내의 한
계를 시험하는 것 같습니다. 어젠 아이를 부둥켜안고 울었더니, 아이
가 제 눈물을 닦아 주면서 "엄마 울지 마." 하네요.

아이를 위해 노력하는 엄마가 되기 위해 책도 많이 읽어 주고 놀아도
주고 열심히 해 주다가도, 쉽게 아이에게 지치고, 참지 못해 수렁 속으
로 빠져 들어가는 듯합니다. 퇴행하는 우리 아이, 요즘은 잘 가리던 오
줌도 바지에 쌉니다. 아이도 제게 심한 스트레스를 받는 것 같습니다.
"엄마 웃어요. 웃어요!"라고 제게 늘 얘기한답니다.

[ID 헤피엔 느]

지금 어머님은 아이를 이해하지 못하고 있습니다. 아이는 무척 똑똑
하고 발달도 빠릅니다. 그러나 아이를 이해 못하는 엄마의 대처가 오히려
아이의 폭력과 욕 그리고 퇴행 현상을 부채질하고 있습니다.

아이는 지금 제1반항기의 절정에 이르렀습니다. 이때 아이는 자신이 누
구인지 알기 위해 무조건 부정부터 합니다. 활동량이 많아지고 말은 유창
하게 하지만, 아직은 아기와 어린아이의 중간 단계에서 혼동스러워하고 있
어서, 끊임없이 무엇이 옳은가를 가르쳐 달라며 엄마를 보챕니다.

먼저 아이가 먹는 것부터 살펴볼까요? 아이는 밥을 잘 먹지 않지만 그렇다고 굶어 죽을 정도로 먹지 않는 것은 아닙니다. 우유나 초콜릿 같은 것으로 보충하고 있으니까요. 만일 아이가 밥을 먹지 않는다면 그런 간식거리를 치우세요. 밥을 먹지 않는다고 야단치면 먹지 않는 것을 가속화시킬 뿐입니다. 굶어라 내버려 두면 밥을 찾지 않고 냉장고만 죽어라 여닫는다고 했는데, 냉장고 안에 먹을 것이 있으니까 아이가 그것을 여닫고 있을 테지요. 먹을 것이 없다면 여닫을 이유조차 없으니까요.

아이가 밥을 먹지 않으면 그냥 무관심하게 대하고 냉장고를 비우세요. 야단을 치거나 화내지 마시고 3일만 그렇게 해 보세요. 밥 달라는 소리가 저절로 나올 겁니다. 관객이 없는 배우는 놀지 않습니다. 부정적인 행동에는 무관심하시고 긍정적인 행동을 할 때는 칭찬과 격려를 듬뿍 해주세요.

그리고 아이가 친구를 때리는 것은 엄마가 아이를 때렸기 때문에 배운 대로 하는 것입니다. 애초에 폭력을 경험하지 못했다면 때리는 것도 알지 못합니다. 아이의 사회성은 아이들끼리 어울려 놀아야만 길러지는 게 아닙니다. 엄마가 아이 수준으로 내려가서 배려 깊게 사랑해 주면 아이는 절대로 남을 괴롭히거나 때리지 않습니다.

앞으로는 아이가 야단맞거나 부정당할 상황을 만들지 마세요. 지금까지 엄마가 윽박지르고 다그친 것이 아이의 마음속에서 사라지려면 1년 정도의 시간이 필요합니다. 그 시간 동안 엄마가 단단히 각오하시고 자신을 다스리면서 아이에게 사랑을 표현해 주세요.

아이끼리 잘못 어울리면 먼저 배우는 것이 욕입니다. 욕한다고 엄마가 야단치면 그때는 아이의 욕이 더욱 강화됩니다. 그냥 무관심하세요.

에너지가 왕성한 아이를 엄마의 편견이라는 틀 안에 넣으려 했기에 아이는 반항으로써 엄마에게 저항하고 있는 것입니다. 아이의 스트레스가 오죽했으면 가리던 오줌을 싸면서 그 스트레스를 해소하고 있을까요! 아이와 힘겨루기를 하지 마세요. 엄마의 틀만 깨면 아이와 엄마는 행복해질 수 있습니다.

아이의 감정과 행동은 구별해야 한다

권위주의 교육이란 아이를 지나치게 통제하거나 간섭하는 교육을 말한다. 부모가 미리 정해 놓은 기준과 제한된 규칙에 아이를 맞추려는 것이다.

반면 방임의 교육은 아무런 책임 없이 그저 아이가 하자는 대로 하는 교육이다. 즉 엄마가 정한 기준이나 규칙을 아이들이 싫어한다고 해서, 그 기준이나 규칙을 늦추거나 변경시켜 아이들이 하고 싶은 대로 하게 하는 것이다. 방임의 교육은 곧 부모와 자식의 입장이 반대가 되어 버리고, 부모 대신 아이가 가정을 지배하는 '폭군 증후'를 낳기도 한다.

권위주의 교육과 방임의 교육 사이에는 미묘한 균형이 존재한다. 이 말의 의미는 부모가 넓은 기준을 가지고 아이가 원하는 것을 받아들여야 하지만, 동시에 아이가 세상을 살아가면서 지켜야 할 기본적인 규칙과 사회 규범 등을 가르쳐 내면화시켜야 한다는 것이다.

균형 잡힌 교육을 하기 위해서는 먼저 아이의 감정과 행동을 구별해야 한다. 감정은 아이들이 화를 내고 있는지, 행복한지, 무서워하고 있는지, 애정을 느끼고 있는지, 부끄러운지 등의 내면적인 정서를 말한다. 아이들의 감정은 마음속에서 제멋대로 생긴다. 어떻게 느끼는지, 언제 느끼는지 아이들은 아직 그것을 조절할 능력이 없다. 따라서 갑자기 화를 내거나 적의를 품기도 하므로, 반항기의 아이에게 화내지 말라고 하는 것은 무리이다.

행동은 마음속에 일어나고 있는 감정이 겉으로 드러나는 구체적인 태도이다. 예를 들어 "뛰지 마라."고 했는데 길을 뛰어가는 것, "때리면 안 된다."라고 했는데 다른 아이를 때리는 것, "모래를 끼얹으면 안 돼."라고 했는데 다른 아이에게 모래를 끼얹는 것 등을 말한다.

아이의 건강을 위해서라도 아이의 감정 표현은 허용되어야 한다. 좋은 감정뿐만 아니라 나쁜 감정을 표현했다고 해서, 아이를 나쁘게 생각하거나 표현을 억누르게 할 필요가 없다.

예를 들어 연년생인 형이 "엄마, 동생이 싫어."라고 말할 때 "그런 말 하면 못 써. 네 동생이잖니." 하며 막아서는 안 된다. 형은 엄마의 사랑이 동생에게 분산되므로 그것이 싫은 것이고, 자신에게 좀 더 사랑을 쏟아 달라는 표현인 것이다. 그럴 때는 "그래, 엄마가 동생에게 관심을 주니까 싫구나. 너도 사랑받고 싶지?" 하면서 아이의 마음에 공감해 주어야 한다. 그러면 아이의 부정적인 감정은 자연스럽게 정화된다.

부정적인 감정을 표현하는 것이 허용되어야 긍정적인 감정을 받아들일 여지가 생긴다. 부모들이 살아온 시대에서는 어린 시절부터 부정적인 감정을 표현하는 것이 허락되지 않았다. 그래서 무의식중에 아이의 부정적인 감정 표현을 억제해 왔다. 이런 경우, 아이는 부모 몰래 감정을 표출하며 동생을 때리는 행동을 하는 등 분노가 많은 아이로 자랄 가능성이 크다.

감정 표현은 허락되어야 하지만, 아이의 감정이 반사회적인 행동으로 표출되는 것은 막아야 한다. 아이가 부모나 다른 아이에게 감정상 화를 내거나 적의를 드러낼 수는 있지만, 그것이 행동으로 옮겨질 때는 반드시 제지해야 한다.

예를 들어 아이가 큰길로 뛰어들거나 뜨거운 난로 곁으로 가는 것처럼 생명과 안전을 위협하는 행동을 하거나, 다른 아이에게 모래를 끼얹거나 침을 뱉고 때리는 행동을 하면, 그때는 단호하게 하지 말아야 한다는 것을 가르쳐 주어야 한다.

뜻대로 안 되면 침을 뱉고 때려요

26개월 된 우리 아들은 미운 세 살이라 그런지 점점 버릇이 나빠져 갑니다. 자기 뜻대로 안 되면 침을 뱉고 다른 사람들도 때려요. 식당에 가서도 왔다 갔다 하지 말고 아빠 옆에 있으라니까 발로 아빠를 차더군요. 제가 직장에 다녀서 그런지 너무 엄마한테 의지하려 하고, 혼자서 할 수 있는 일도 안 하려고 합니다. [ID 기혁맘]

배려 깊은 사랑에는 자식에 대한 절대적인 신뢰, 아이의 발달을 이해하고자 하는 부모님의 열정, 아이들이 부정당할 수 있는 상황을 최소화시키고자 하는 깨달음, 아이의 마음에 공감하지만 생명과 안전에 관계되거나 남에게 피해를 주는 경우 부모의 단호한 의지도 포함됩니다.

아이가 침을 뱉고 다른 사람을 때리는 행동이나 아빠를 발로 차는 행동은 배웠으므로 하는 것입니다. 아이는 분명 매를 맞은 경험이 있습니다. 부모가 아이를 체벌한다는 것은 아이에게 자기보다 약자는 때려도 좋다는 것을 가르치는 셈입니다. 그런 아이들은 다른 사람을 때리게 되지요.

36개월 이전에 아이가 식당에서 돌아다니는 것은 지극히 정상적인 일입니다. 아이의 호기심이 분별의 힘보다 강하니까요. 분별력을 갖기 전에는 부정당할 여지가 많은 곳에 가지 않는 것이 바람직합니다.

아이가 어떤 행동을 하려 할 때 대부분의 부모는 일방적으로 하지 말라고 요구하지, 하고 싶은 아이의 마음에 먼저 공감해 주는 경우는 드뭅니다. 무조건 용인하는 것이 배려가 아닙니다. 직장에 다니기에 엄마는 아이를 잘못 돌본다는 죄책감 때문에 아이가 할 수 있는 것을 대신 해 주고 그것을 배려라고 생각할 수 있습니다. 하지만 이는 방임하는 것이지요.

배려 깊은 사랑은 아이가 혼자 하려 할 때 혼자 할 수 있는 기회를 주는 것입니다. 혼자 하는 것을 지켜보고, 아이가 그 과제를 멋지게 수행했을 때 기뻐하고 격려해 주는 것이 배려 깊은 사랑입니다.

말로 타이르는 게 안 돼요

아이가 22개월 되었는데, 넓은 기준을 갖자니 방임의 교육을 하는 건 아닌가 궁금합니다. 우리 아이는 밥을 먹이려고 하면 꼭 누워 버려요. 처음엔 앉아서 먹자고 계속 말해 주었는데, 아이가 듣질 않아 그냥 누운 채로 음식을 넣어 줍니다. 어디 가서도 집에서처럼 누워 버리지 않게 하려면 계속 앉아서 먹자고 해야 하는데 어떻게 해야 하나요?
또 아이가 양치질 하는 것과 머리 감는 걸 아주 싫어합니다. 매일 아이를 울려 가며 억지로 해서 전쟁터를 방불케 합니다. 대체 어떻게 하는 것이 아이를 위한 건지 알 수가 없답니다. 아이가 아직 말로 타이르는 게 잘 되지 않아서 그런 건가요?

[ID 쥬디]

부모가 22개월의 아이에게 지켜야 할 기준을 강요해서는 안 됩니다. 36개월을 지나서 어느 정도 아이와 의사 소통이 될 때 가르치는 것이지요.

아이가 밥 먹기를 싫어하면 굳이 먹이려 하지 말고 굶기세요. 혼자 먹으려 하면 먹을 수 있는 기회를 주고, 아이가 누워 있으면 먹이지 말고 그냥 밥을 치우세요. 그러다가 아이가 달라고 하면 주면 됩니다. 계속 엄마가 먹이려 하면 아이는 누우려 할 것이고, 이러한 행동은 다른 집에 가서도 마찬가지일 것입니다.

아이가 양치질이나 머리 감는 것을 싫어한다면 엄마가 억지로 하지 마세요. 아이가 머리 감는 것을 싫어하는 이유는 귀나 눈에 물이 들어간 경험이 있어서 그럴 겁니다. 머리 감기 싫어하는 아이를 억지로 감기려 하면 고집스러워지고 반항적이 됩니다.

아이들은 보통 물놀이하는 것을 좋아하므로 물놀이를 하면서 자연스럽게 머리를 감겨 보세요. 양치질을 싫어하면 양치질을 하지 않아 이가 썩는 그림책을 보여 주면서 왜 양치질을 해야 하는지 말로 차근차근 설득하시기 바랍니다.

엄마의 기준이 좁은 듯하네요. 밥 며칠 먹지 않는다고 아이가 굶어 죽는 것은 아닙니다. 머리 감지 않고 양치질 며칠 하지 않는다고 문제될 것도 없답니다. 오히려 억지로 하기보다는 아이가 머리 감기나 양치질을 한 번 했을 때 "우리 아기, 너무 머리를 잘 감네.", "밥 먹은 후에 양치질도 잘하네. 너무 예쁘고 사랑스럽구나." 하면서 칭찬을 해 보세요.

그리고 엄마가 하기 원하는 것을 아이가 이미 했다고 생각하고 그것을 말하게 되면 아이는 잘 따라오게 됩니다. 엄마가 일관되게 칭찬과 격려로 키우면, 얼마 안 가 아이는 자신을 표현하는 어휘가 늘어날 것이고, 교육은 더 쉬워질 것입니다.

위협은 잘못된 행동을 강화시킨다

단호함이란 아이를 위협해서 아이가 하려는 행동을 못하게 막는 것이 아니다. 아이를 위협하면 오히려 그 행동은 강화된다.

대부분의 부모들은 아이를 야단치면 옳지 못한 행동이 사라질 것이라 생각한다. 그러나 야단치는 것과 같은 부정적인 관심도 관심이다. 부모의 관심이 집중되면 그 행동은 강화된다. 아이의 행동 빈도가 증가되는 것이다. 그래서 처음에는 작게 야단치다가 점점 목소리가 높아지고, 아이의 행동을 고치겠다는 일념에서 쓰라린 마음을 감수하며 매까지 든다. 하지만 나중에는 왜 때리는지조차 모르면서 아이를 때리게 되고, 나쁜 버릇은 점점 더 심해진다.

교육을 하면서 또 오랜 경험에 비추어 볼 때, 야단을 맞거나 위협을 당한 아이들은 분별력이 떨어져 소처럼 덤벼든다.

아이가 나쁜 행동을 하면 부모가 야단을 치기보다 오히려 안면 몰수하고 아이의 행동을 무시하는 것이 효과적이다. 구경꾼이 없을 때 연기하는 배우는 없기 때문이다. 부모가 무관심하면 그런 행동은 곧 사라지게 된다.

그렇지만 무관심만으로 아이의 좋은 행동을 이끌어 낼 수는 없다. 부모가 단호해야 한다는 것은, 부모의 언어와 행동이 일치함으로써 아이에게 모범을 보여 주고 아이의 신뢰를 얻으라는 뜻이다. 또 아이의 마음에 진심으로 공감함으로써 '네가 당하기 싫은 일을 남에게 하지 말라.'는 황금률을 아이에게 굳은 결의로 가르쳐야 함을 뜻한다.

아이는 부모의 반응을 보며 어떻게 행동해야 하는지 판단한다. 부모의 기분이 좋을 때는 자녀의 옳지 못한 행동을 용인하다가 기분이 나쁠 때는 금지한다면, 아이는 어느 것이 옳은지 판단하지 못한다. 그런 경우에는 오히려 아이가 저번에는 하라 하고 이번에는 못하게 한다며 따진다. 그래서 어떤 습관을 들이는 초기에는 부모의 반응이 항상 일관되어야 한다.

부모가 욕과 폭력을 사용하지 않으면 아이는 욕과 폭력을 모르고 자란다. 다른 아이에게 친근감을 표현한다는 것이 아이를 할퀴게 되는 경우가 있는데, 그럴 때는 "그 친구가 좋아서 그랬구나." 하면서 아이의 마음에 공감해 주고, "그렇지만 할퀴면 아프단다."와 같이 말로 차근차근 상황을 설명해 주어야 한다.

회초리가 아이에게 좌절감을 줄까요?

할아버지 할머니와 함께 사는 19개월 남자 아이입니다. 저는 아이를 야단칠 때 회초리로 혼을 내는데, 할아버지 할머니께서는 아이가 엄마 눈치를 본다며 저를 나무라십니다. 말을 안 듣고 짜증을 내거나 말로 설득해도 고집을 피우면 회초리를 드는데, 그 자리에서 아이가 뚝 그칩니다. 하루에 한 번 정도 회초리를 드는데, 이런 것도 아이에게 상처나 좌절을 겪는 경험으로 작용하나요?

또한 너무 감정에 치우쳐 저도 모르게 언성이 높아지고는 합니다. 아이를 키우다 보면 말을 잘 듣지 않아 야단을 쳐야 할 때가 많은데 정말 힘이 듭니다.

[ID 고슴도치]

회초리는 상처를 줄 뿐만 아니라 엄마의 눈치를 본다는 할아버지 할머니 말씀도 옳습니다. 지금은 아이가 회초리를 두려워해 엄마 말을 듣지만 조금 크면 야구 방망이를 들어도 눈 하나 깜짝하지 않을 것입니다. 어머님이 아이에게 매에 대한 내성을 키우고 있다고 생각하면, 회초리를 들지 못할 것입니다.

아이가 왜 말을 안 듣는지 생각해 보세요. 첫째는 아이의 욕구를 엄마가 눈치 채지 못하는 경우입니다. 아이는 궁금합니다. 이것저것 만지면서 확인해 보고 싶은 욕구로 인해 호기심이 충만한데, 엄마 입장에서는 아이의 이런 행동을 집 안을 어지럽힌다고 생각합니다. 그러니 자꾸만 아이의 호기심을 제한하게 되지요.

아이의 호기심은 생존을 위한 본능에서 나옵니다. 빨리 많은 것을 받아들여야 적자 생존에서 이길 수 있는데, 이것을 부모가 제한하므로 살아남기 위해서라도 필사적으로 저항하는 것입니다. 안전과 생명에 관계된 게 아니라면 아이 혼자 해 볼 수 있는 기회를 최대한 많이 주어야 합니다.

둘째는 엄마가 아이를 너무 쉽게 생각하는 경향이 있습니다. 아이를 키우면서 변하지 않는 원칙은 부모가 배려하면 아이는 협조한다는 것입니다. 아이는 부모에게서 배운 대로 행동할 수밖에 없습니다. 엄마가 인내심을 갖고 아이를 배려한다면 아이는 엄마 말을 잘 듣습니다. 그러나 엄마가 아이를 함부로 대하면 아이의 고집은 더욱 세집니다.

예를 들어 엄마 혼자서 한 시간이면 갈 수 있는 거리를 아이와 함께 가면 두 시간을 잡아야 합니다. 아이는 절대 직선으로 가지 않습니다. 도중에 이것저것 둘러보고 만지면서 가기 때문이지요. 이것을 미리 고려하는 것이 아이를 향한 부모의 배려입니다.

엘리베이터를 탈 때는 혹시 아이가 버튼을 누르고 싶은 것이 아닌지 먼저 생각하고 기다려 주어야 합니다. 아이의 마음을 이해하지 못하고 엄마가 먼저 누르면 아이는 그때부터 엄마를 힘들게 합니다.

아이가 고집을 부릴 때 무조건 달래는 것보다는 무엇 때문에 고집을 피우는지 생각해 보세요. 분명 이전에 어떤 일이 일어났거나 엄마의 마음이 잠깐 다른 데로 가 건성으로 대답했을 것입니다. 이것을 얼마나 섬세하게 감지하느냐가 곧 목소리를 높이느냐 낮추느냐를 결정합니다.

푸름이를 키울 때 우리는 목소리를 높인 적이 없습니다. 배려받았기에, 섬세하게 분별해 주었기에 푸름이의 잘못된 행동이 나올 때는 어떤 마음에서 그런 행동을 했는지 먼저 인정해 주고, 그런 행동으로 인해 다른 사람의 마음을 아프게 한 것은 아닌지 묻곤 했습니다.

그 말을 알아듣고 푸름이는 행동을 조절했습니다. 그런 면에서 우리 부부는 너무도 쉽게 아이를 키웠습니다. 아이가 자신의 마음 상태를 말로 표현할 수 있었고, 그래서 야단을 맞지 않았으니까요.

엄마가 기준을 조금 더 넓히면 아이 키우기는 쉬워집니다. 아이가 하고 싶은 것은 마음대로 할 수 있는 기회를 주세요. 아직은 엄마가 아이의 눈빛과 마음을 완전히 읽지 못하기에 육아가 힘든 것입니다.

아이 때문에 남편과 자주 다투어요

우리 아이들은 주말에만 아빠를 봅니다. 그런데 이런 반가운 만남에 항상 다툼이 벌어집니다. 큰 아이가 요구 사항이 많고 떼를 좀 쓰는데, 아빠가 받아주질 못하네요. 25개월 된 우리 큰 아이는 겁이 많고 여려서 혼자 있는 걸 제일 무서워하는데, 남편은 떼쓰며 우는 아이를 방에 혼자 놓고 나와 버립니다. 그 순간 제가 참견을 하면 바로 다툼으로 이어집니다. 이런 상황이 매주 일어납니다. 남편은 아이가 말귀를 다 알아듣는데 왜 혼내지 않느냐고 합니다. 부모 중 한 사람은 무서운 사람이 있어야 한다고 하는데 과연 그런지요?

남편은 큰 아이가 만 세 살이 되는 날만 기다립니다. 제가 그때까진 절대 매를 들면 안 된다고 했거든요. 작은 아이가 태어난 후 두 달 정도 큰 아이를 많이 혼냈더니, 그 시점을 기준으로 아이가 더 여려지고 행동 반경도 작아진 것 같습니다. 또래 아이가 장난감을 빼앗으면 제 손을 이끌며 대신 빼앗아 달라는 등 직접 대항을 못합니다.

그래도 제가 기분이 안 좋거나 피곤해 보일 때는 다가와서 뽀뽀도 해주고 살며시 안아 주며 안마까지 해 주는 착한 아이입니다. 우리 큰 아이의 변화가 저 때문인 것 같아 늘 마음에 걸립니다.

[ID 종이연]

교육은 진심으로 사람을 변화시키는 것입니다. 아이와의 교육은 부모와 자식간의 친밀감 속에서만 이루어지지요. 부모가 무섭게 대할 때 아이가 그 순간은 무서움 때문에 움찔하며 들을지 모르지만 아이의 마음속에는 공포가 쌓입니다. 그리고 그 상황을 이해해서 변하는 것이 아니라 그저 그 무서움을 피하기 위해 수동적으로 따라갈 뿐입니다. 그것이 점점 누적되면 아이 내면의 힘은 소멸되어, 시키면 하지만 주도적으로 어떤 일을 하지 못하는 피동적인 인간으로 성장합니다. 또한 발달을 억제당했기 때문에 사춘기에 이르러서는 폭발해 버리는 아이로 성장할 가능성이 무척 큽니다.

아이를 매로 키우는 것은 배려 깊은 사랑의 깊은 의미를 알지 못해서 그러는 것입니다. 아이가 어떻게 성장하는지 모르기에 그저 눈앞에 보이는 것에만 연연하는 것이지요. 부모는 교육이라 생각하고 매를 들지만, 매 맞는 아이가 먼저 배우는 것은 폭력뿐입니다.

아이 역시 밖에 나가서 자기보다 약자에게 폭력을 행사합니다. 매를 맞으면서 부모가 의도하지 않는 것부터 자연스럽게 배웠기 때문입니다.

배려 깊은 사랑을 받은 아이들은 자연스럽게 성장하면서 남을 배려합니다. 그리고 배려 깊은 사랑을 받으면서 자존감에 상처를 받지 않고, 자아의 발달도 확고해지기 때문에 절대로 남을 괴롭히거나 자존감을 낮추는 행동도 하지 않습니다. 지나고 보면 무엇이 옳고 그른지 알게 됩니다. 지나고 난 다음에 알았을 때는 이미 아이는 돌이킬 수 없는 상태에 가 있을 것입니다. 현명하다면 지나가기 이전에 구별할 수 있어야 합니다.

아이는 섬세하고 배려 깊은 사랑을 받았습니다. 그래서 엄마를 위로하는 것이지요. 그런 아이들은 엄마하고의 관계는 활발하지만 남이 보기에는 소극적인 아이가 아닐까 할 정도로 나서지 않을 수 있습니다.

남자 아이는 강해야 한다는 생각을 버리세요. 강함은 부드러움 속에서 존중받았을 때, 그리고 자신의 의지를 실현할 수 있는 아이로 성장할 때 강해지는 것입니다.

아직은 아빠의 빈자리가 그렇게 큰 시점은 아닙니다. 그리고 둘째가 태어났기에 퇴행 현상을 보이는 것입니다. 그것 때문에 힘든 상황이 되겠지만 그럴 때일수록 더 감정을 받아 주어야 아이가 안정되게 성장합니다.

흔들리지 말고 좀 더 배려 깊은 사랑을 해 주세요. 아이가 다른 아이와 다르다는 것을 아빠가 아는 순간 아빠의 태도도 변할 것입니다. 또한 아빠의 내면에 어린 시절에 엄격한 가정에서 자라거나 매를 맞은 경험이 있는지도 살펴보시기 바랍니다.

아이의 감정에
적극적으로 공감해 준다

아이들은 무섭다든가, 어떻게 할 바를 모른다든가, 화가 난다든가, 상처를 입었다든가 할 때, 부모가 자기의 감정 표현을 허용해 주는 것뿐만 아니라 자신의 기분까지도 이해해 주길 바란다.

어떻게 하면 아이의 기분을 이해하고 있다는 것을 알려 줄 수 있을까? 이때는 아이의 마음을 적극적으로 받아 주면서, 공감하고 있다는 것을 표현하면 된다. 즉 상대방의 감정을 자기 말로 옮겨 놓고, 마치 반사하는 것처럼 상대방에게 되돌려 줌으로써 공감하고 있음을 알려 주는 것이다.

예를 들어 "형이 날 때렸어요."라고 동생이 말을 했다면, 대부분의 부모는 두 아이를 불러 놓고 "도대체 누가 먼저 손을 댔어?", "너는 형으로서 동생을 잘 돌봐야지.", "동생은 형을 존중해야지." 하면서 재판을 시작한다. 그러면 싸움은 둘 다 고래고래

악을 쓰며 우는 것으로 끝난다.

그러나 적극적인 공감은 "형이 때렸어요."라고 말할 때, 감정을 담아 "응, 그래. 형이 때렸구나. 형이 때려서 마음이 아파 울고 있네." 하면서 아이의 기분을 자기 말로 만들어서 되돌려 주는 것이다. 이때 아이는 엄마가 자신의 기분을 이해하고 있다는 것만으로도 스스로 감정을 조절할 수 있는 능력을 키우게 된다.

적극적인 공감은 여러 가지 상황에서 유용하게 사용된다. 제1 반항기가 끝나는 시점인 36개월이 지나면 아이의 상상력이 급속도로 발전하면서 가끔 엉뚱한 이야기를 하기도 한다. 자기 방에 잠자리 들어갔던 아이가 갑자기 무서움에 떨면서 방에 괴물이 있다고 뛰어나오는 것처럼 말이다.

무서워하는 아이에게 무심한 아빠들은 "바보 같은 소리 하지 마. 괴물이 어디에 있니?" 하면서 거짓말한다고 야단을 치기도 한다. 또 괴물이 없다는 것을 보여 주기 위해 방을 이리저리 돌아보기도 하는데, 그 정도로는 아이의 두려움을 완전히 덜어 줄 수가 없다.

이럴 때도 적극적인 공감을 유용하게 사용할 수 있다. "이리 와서 이야기하자." 하면서, "정말 괴물이 무서웠니?", "괴물이 너를 무섭게 만들었구나." 하며 아이의 마음에 공감해 준다. 아이에게 용기를 일으킬 말을 해 준다거나 감정 표현을 억제하는 것이 아니라, 그저 아이의 기분에 적극적으로 공감해 주고 그것을 언어로 표현해 주는 것이다. 아이는 부모가 공감해 주면 자신이 상상했던 괴물이 얼마나 무서웠는지 이야기하다가 괴물을 낭떠러지에서 밀어 버렸다, 우주로 날려 버렸다 하면서 감정을 순환시킨다. 그러면 얼마 안 가서 무서웠던 감정은 잊고 잠자리에 들게 된다.

적극적인 공감은 아이의 행동을 바꾸는 데 무척 효과가 좋다. 아이의 기분을 부모가 잘못 이야기해도 아이는 "아니야, 그렇지 않아." 하며 바로잡아 주면서 대화를 이끌어 나갈 것이다.

아이에게 적극적으로 공감하려면 먼저 아이가 감정을 자유롭게 표현하도록 허용해야 한다. 아이가 부정적으로 표현하거나 부모에 대한 노여움을 표현하면 '저렇게 놔 두면 아이가 계속해서 싫다고 하면서 부모를 무시하지 않을까?' 하는 의문이 생길지도 모른다.

그러나 오히려 정반대의 결과가 나온다. 부모가 아이의 마음에 적극 공감해 주고 아이가 자신의 감정을 표현하도록 섬세하게 배려해 주었기 때문에, 아이도 알지 못하는 사이에 그러한 공감과 배려를 배워 곧바로 부모에게 돌려준다. 일정한 시기가 지나면 부정적인 표현이 현저히 줄어들고, 부모의 마음을 더 잘 이해하게 될 것이며, 부모가 힘든 시기에는 아이가 부모를 위로해 줄 것이다.

어떤 부모들은 엄마의 마음을 위로해 주는 아이를 보면서 아이답지 않다거나 뭔가 잘못된 것이 아닌가를 걱정하는데, 그것은 아이가 그만큼 분별력이 뛰어나고 정서적으로 공감하는 능력이 발달했다는 증거이다.

부모도 인간이기에 화가 날 때가 있다. "제발 가만히 좀 있어!" 하고 화를 낼 때, 아이는 부모의 화를 온몸으로 받아내면서 참는다. 엄마의 화가 다 풀리면 "엄마가 화를 내서 미안해. 이제 기분이 다 풀렸어." 하면서 화를 낸 것에 대해 사과하고 아이를 꼭 안아 주는 것이 필요하다.

적극적인 공감을 통해 성장한 아이들은 "엄마 이제 화 다 풀렸어?", "엄마가 화를 안 내니까 좋네." 하면서 먼저 위로를 한다. 그때 엄마는 저 어린 마음에 얼마나 자신을 억제하고 있을까 하며 불쌍히 여기는데 그럴 필요가 전혀 없다. 아이는 부모에게 배운 대로 엄마를 배려하고 있기 때문이다.

아이는 부모의 거울이다. 아이가 미안해할 정도로 배려 깊게 사랑해 주면 아이는 부모에게서 받는 배려 깊은 사랑을 그대로 부모에게 돌려준다.

아이에게 자유로운 감정 표현과 사회 규범을 동시에 가르치고 싶다면 적극적인 공감을 적절히 사용하면 된다. 예를 들어 아이가 놀이터에서 신나게 놀고 있는데 집으로 돌아가야 할 시간이 되었다고 하자. 그럴 때는, "10분 후에는 집에 가야 해."라고 먼저 이야기해 주는 것이 좋다.

10분이 지나서 다시 집에 가야 할 시간이라고 말하면, 아이는

"싫어. 조금 더 놀다가."라고 하면서 계속 놀이에 열중할 것이다. 그때 엄마는 "모래 놀이가 재미있나 보구나. 더 놀고 싶은가 보네." 하면서 적극적으로 공감해 주어야 한다.

"싫어. 더 놀고 싶어!"

"너무 재미있어서 돌아가고 싶지 않구나!"

이렇듯 몇 분 동안 아이의 기분에 공감해 주면서 시간이 지나면 아이를 안고 집으로 돌아온다. 이때 아이가 버둥거리면서 버티면 "우리 아가, 좀 더 놀고 싶었는데 엄마가 집에 데려오니까 화가 났나 보네!" 하면서 아이의 기분을 충분히 위로해 준다.

만일 아이가 돌아가지 않겠다고 우겼을 때 엄마가 허용하면, 아이는 정당한 제한을 거부하는 작은 폭군이 되도록 길들여진다. 이것은 엄마가 아이에게 정상적인 사회 규범을 가르치지 않는 것이다. 이렇게 되면 나중에는 엄마가 아이에게 애원해야 하는 일이 생긴다.

"네가 이러면 어떻게 하니? 제발 엄마 좀 살려 줘라."

반대로 아이의 감정에 공감해 주지 않고 아이의 감정을 일방적으로 막으면, 아이는 자존감에 상처를 받을 뿐만 아니라 무척이나 소극적인 아이가 된다.

그러나 아이의 감정에 공감해 주면서 아이를 데려가는 것은 '네가 화를 내는 것은 당연해. 즐겁게 놀고 있을 때 다른 사람이 방해하면 엄마라도 화를 냈을 거야. 그렇지만 언제까지나 놀고 있을 수만은 없잖아. 싫지만 해야 하는 일도 있단다.'라고 말하는 셈이 된다.

이것은 하나의 사례에 불과하지만 모든 상황에 이 방법을 적용시킬 수 있다. 아이들에게 기분을 표현할 기회를 주고, 그 기분에 부모가 적극적으로 공감하면서 단호히 자세를 가다듬고, 정당한 행동을 위한 제한에는 부모의 말을 듣게 한다. 제1반항기에 이것만 제대로 이루어지면 그 다음부터 아이 키우는 데는 어려움이 거의 없다.

아이를 하나의 인격체로 존중해 주고 아이의 마음에 공감하면서 꾸준히 대화를 나누어 주면, 아이는 떼를 쓰거나 고집을 부리지 않는다.

푸름이는 어렸을 때 자동차를 무척이나 좋아했다. 푸름이가 자동차를 사 달라고 조르면 푸름이 엄마는 "푸름아, 자동차 갖고 싶지?" 하면서 푸름이의 마음에 먼저 공감해 주고, "그렇지만 돈이 없단다." 하며 부모가 처한 상황을 솔직하게 이야기하고 양해를 구했다.

새로운 자동차를 갖고 싶은 마음이야 굴뚝 같지만 엄마가 돈이 없다고 하는데, 더 이상 고집을 피워 봤자 소용 없다는 것을 안 푸름이가 장난감 가게를 나와 얼마 가지 않아서 "그런데 엄마, 지금 돈 생기셨어요?" 하고 물었다. 그 말을 들으면서 푸름이 엄마는 아이가 저렇게 바라는데, 당장이라도 사 주고 싶은 마음이 굴

뚝 같았다. 하지만 당장 욕구 충족이 안 되면 욕구 불만이 되는 아이보다는 참고 기다릴 수 있는 아이로 키우고 싶은 마음에 푸름이 엄마는 이렇게 말해 주었다. "푸름아, 자동차를 정말 갖고 싶지? 그런데 아빠가 돈을 벌어 와야 자동차를 살 수 있단다. 아빠가 돈 벌어 오면 꼭 사 줄게." 하며 기다리게 했다.

일단 약속을 하면 그때는 일관되게 약속을 지켰다. 자동차를 사 주면서도 "정말 잘 참아 줘서 고맙구나. 네가 너무 잘 참아 줘서 엄마가 약속을 지킬게." 하면서 푸름이가 인내한 것을 칭찬해 주었다. 대화로 푸름이의 마음에 공감해 주면서 욕구 충족을 조금씩 늦추고, 떼를 쓰거나 고집으로는 자신의 욕구가 충족될 수 없다는 사실을 단호하게 가르쳤기에, 그 이후부터는 모든 것이 대화로 이루어졌다.

아이를 사랑할 때는 언어와 행동이 정확히 일치해야 하고, 진심으로 아이가 공감하고 느낄 수 있는 사랑을 주어야 한다. 많은 부모들이 사랑을 준다고 생각하지만, 그 사랑에 조건을 거는 경우가 흔하다.

예를 들어 밤 9시가 지났는데 아이가 TV를 보다가 갖고 싶은 장난감을 보고 사 달라고 조를 때가 있다. 늦은 밤이라 장난감을 사러 가도 가게 문이 닫혔을 게 뻔하므로, "안 돼. 지금 문이 닫혔어." 하면서 아이에게 안 되는 이유를 설명하지만, 이 시기의 아이는 자기 중심적인 사고를 하므로 눈에 보이지 않으면 끝끝내 울음을 터뜨리며 막무가내로 떼를 쓴다.

　이럴 때는, 먼저 아이의 마음에 공감해 주어야 한다. "장난감이 무척 갖고 싶구나. 지금 밤이 너무 늦어서 가게 문이 닫혀 있을지 모르지만 우리 함께 가 보자!" 하고 옷을 입고 아이와 함께 나오는 것이 좋다. 물론 늦은 밤에 옷을 챙겨 입고 나가는 일이란 고역일 테지만, 이것은 부모의 사랑에 조건이 걸리지 않은 것이다.

　장난감 가게에 갔을 때 문이 닫혀 있는 것을 아이가 한두 번만 눈으로 보면, 훗날 장난감을 사 달라고 조를 때 아이는 가게 문이 닫혔을 거라는 부모의 말에 금방 수긍하고 자기의 욕구를 조절할 힘을 갖게 된다. 조건 없는 사랑을 통해 부모와 아이 사이에 절대적인 신뢰가 싹텄기 때문이다.

　아이에게 사랑을 줄 때는 계산 없는 절대적인 사랑을 주어야 한다. 사랑에 조건을 걸면 아이도 부모를 조건의 대상으로 바라본다.

내가 할 수 있는데 엄마가 왜요?

29개월이 지난 남자 아이인데, 안 먹고 안 자는 정도가 심하고 병치레가 잦습니다. 책 앞에 앉으면 안 자겠다고 더 떼를 쓰면서 신경질적으로 변합니다. 낮에 누워 있으면 "엄마 자지 마요. 책 가지고 올게." 하고 가면서 내내 뒤돌아보며 확인합니다.

아이가 얼마나 자기 주장이 강한지 누구의 말도 듣지 않습니다. 처음 보는 것들에 대해 설명해 주려 해도 보지도 듣지도 않습니다. "내가 할 수 있는데 엄마가 왜?", "어, 잘 안 되네." 그러다가 마구 짜증을 내고 징징 울어댑니다. 얼른 나서서 도와주려고 해도 싫다고 합니다. 무조건 처음부터 자기가 해야 합니다. 방법도 모르면서 알려고 하지도 않고 왜 안 된다고 실망하며 슬퍼하는 걸까요? 어떤 말이든 하려고만 하면 웁니다. 도와주고 싶은 엄마 마음을 몰라 줘서 엄마는 너와 이야기하고 싶지 않다고 혼내 줬습니다.

제가 아이에게 너그러운 엄마는 결코 아니지만, 정말 아이가 너무 힘들게 해서 어깨의 짐을 좀 덜고 싶습니다.

[ID 혀이 만세]

아이가 무척 뛰어날 가능성이 글 사이에서 느껴집니다. 다만 그렇게 뛰어난 아이가 어떤 특징을 가지면서 성장하는지에 관한 어머님의 지식이 부족한 것 같습니다. 제가 볼 때는 아이가 영재의 전형적인 특징을 보이는 것 같습니다. 섬세한 아이는 잠도 잘 안 자고 잘 먹지도 않습니다. 푸름이도 그랬습니다. 어떤 경우에도 아이가 잠을 안 자기 위해서 책을 읽어 달라고 하지는 않습니다.

아이가 이 세상에 태어날 때는 자는 것보다 배우는 것이 훨씬 더 큰 기쁨이라는 것을 이미 알고 있습니다. 매슬로의 욕구 단계설에서 이미 알려진 사실입니다. 잠을 자는 욕구는 먹는 것과 마찬가지로 하위 욕구로, 이것은 충족되면 사라집니다.

그러나 배움에 대한 욕구는 최상위의 욕구로, 충족되면 충족될수록 더 많은 욕구를 불러일으킵니다. 배움에 대한 욕구가 충족될 때 두뇌는 훨씬 풍부한 대뇌 호르몬을 분비함으로써 그에 대한 보상을 합니다. 그래서 아이들이 밤을 새워 책을 읽어 달라고 요구하는 것이지요.

하루빨리 아이에게 글을 가르쳐 자기가 마음껏 책을 보도록 해 주세요. 아이는 자고 싶을 때 자게 하고 먹고 싶을 때 먹게 하면 됩니다.

지금 아이는 자발성이 강하게 나오고 있습니다. 이 자발성은 뭔든지 자기가 하고자 합니다. 특히 발달이 빠른 아이들은 자발성이 더욱 강해 자기가 할 수 없는 것을 무턱대고 자기가 먼저 하겠다고 우기고, 중간에 하지 못하면 징징대고 웁니다. 어느 때는 도저히 아이가 할 수 없는 것조차도 하겠다고 우기므로 엄마가 무척 힘들어집니다.

이때 엄마가 먼저 도와주면 안 됩니다. 아이가 도와달라고 요청하기 전에 먼저 도우면 아이는 자발성에 상처를 입고 더욱 엄마를 힘들게 합니다. 엄마는 그저 아이의 마음에 공감만 해 주면 됩니다. 그리고 기다려야 합니다. '네가 이것을 혼자서 하고 싶었는데 그것이 안 돼 마음이 안 좋구나.' 하는 정도로 공감해 주어야지, 엄마가 설득할수록 아이의 반발은 점점 거세집니다.

아이의 욕구에 공감해 주고 차근차근 이야기한 후 해 볼 수 있는 기회를 주었다면, 그렇게까지 고집스럽게 주장하지 않았을 겁니다. 아이에게 너그러운 엄마가 아니라는 어머님의 고백은 반항기의 전형적인 특징, 그리고 너무도 섬세한 아이의 반항을 1년 넘게 연장시키고 있습니다.

진정 배려받았을 때 아이는 엄마를 배려하는 분별의 힘을 얻게 됩니다. 아이에게 조건에 따른 사랑을 주지 말고 있는 그대로의 사랑을 주는 게 먼저라고 생각합니다.

풍부한 언어 환경을 만들어준다

제1반항기의 두드러진 특징 중 하나는 언어가 급격히 발달한다는 것이다. 이전의 걸음마 시기에는 말은 이해했지만 자신을 표현하는 데 서툴렀다면, 아이는 24개월을 지나면서부터 능숙하게 말을 이어간다. 그래서 18개월 무렵의 '문 열어.' 식의 두 단어 말이 "아빠는 어디 갔어?", "아빠 전화기 가지고 왔어.", "아직 안 졸려."와 같이 완성된 문장으로 바뀌게 되고, 사용하는 단어 수도 비약적으로 늘어난다. 걸음마를 하는 시기에 부모의 말을 머릿속에 새겨 두었던 게 말로 나오기 시작하는 것이다.

일반적으로 부모로부터 많은 말을 들으면 그만큼 아이가 말하는 단어의 수도 많아진다. 말은 지능을 비약적으로 발전시킨다. 그래서 부모는 아이에게 끊임없이 대화를 나누어 주는 수다쟁이가 되어야 한다.

말을 할 줄 아는 능력을 익히면 아이는 계획을 세울 수 있고, 상상력을 발휘할 수 있으며, 공상을 즐길 수 있게 된다. 말로써 자신을 표현할 수 있으므로 떼쓰기와 고집, 짜증도 줄어든다. 이때 아이의 정신 생활은 비약적인 진보를 하게 된다.

이 시기 아이들은 말에 굶주려 있다. 이전까지는 운동 능력을 몸에 익히는 데 많은 시간을 할애했다면, 이제부터는 더욱 많은 시간을 말의 습득에 사용할 것이다.

쇠는 달구어졌을 때 내리쳐야 하듯이 언어가 발전하는 결정적 시기인 제1반항기에 풍부한 언어 환경을 만들어 줌으로써 언어의 발달을 도와야 한다.

풍부한 언어 환경이란 크게 두 가지 측면이 있다. 하나는 부모가 많은 말을 들려주고 아이가 궁금해 하는 것을 성의 있게 대답해 줌으로써 어휘 수를 늘리는 방법이다. 또 하나는 스스로 책을 읽을 수 있도록 해 주기 위해 한글을 가르쳐 자기 스스로 어휘를 획득할 수 있도록 돕는 것이다.

이 시기에 한글을 가르치면 너무 이른 것이 아닌가 우려하는 엄마들이 있다. 하지만 어느 정도 인지가 끝난 상태이므로 놀이를 통해 한글을 재미있고 요령 있게 가르치면 아이들은 무척 쉽게 배울 수 있다. 뿐만 아니라 한글을 깨우친 아이들은 스스로 지식을 습득하면서 언어를 확장해 나간다.

만일 보편적으로 여섯 살 때 한글을 배워 글을 읽는다면 지능

지수는 100, 세 살 때 글을 읽는 아이의 지능 지수는 200임을 의미한다. 한글을 재미있게 배워 글을 읽으면 문자의 세계가 모두 열리면서, 지적인 발달이 눈에 보일 정도로 빨라진다.

이 시기가 되면 아이의 언어 발달은 질문하는 데서 나타난다. 먼저 "이게 뭐야?", "저게 뭐야?" 하면서 눈에 보이는 온갖 것들을 물어본다. 너무 많은 질문을 하므로 어느 때는 부모가 질릴 때도 있다. 그러나 질문이 많을수록 그 아이의 지성은 발달해 가는 중이며 영리하고 총명한 아이라 할 수 있다.

엄마가 설거지를 하다가도 밥을 하다가도, 아이가 질문을 하면 밥하기를 중단하고 질문에 먼저 귀를 기울여야 한다. 엄마가 귀찮다고 "야, 그건 아빠가 잘 아니까 아빠한테 가서 물어봐." 하기에 아빠한테 갔더니, 아빠는 TV를 보면서 "그건 엄마가 전공이니 엄마한테 물어봐."라고 해 버리면, 아이의 지적 호기심은 얼마 가지 않아서 사라져 버린다. 그러므로 아이의 질문이 아무리 대답하기 곤란하고 하찮은 것이라도 성의 있게 대답해 주어야 한다.

아이가 "엄마, 아기는 어떻게 태어났어?" 하고 물으면 "다리 밑에서 주워 왔단다." 아니면 "배추밭에서 주워 왔단다."하는 식으로 대답해서는 안 된다. "아빠에게는 정자가 있고, 엄마에게는 난자가 있는데, 이것이 만나서 수정란이 된단다."와 같이 사실대로 간략하게 대답해 주어야 한다.

아이가 설마 정자와 난자를 알까 싶어 그런 단어의 사용을 꺼려 하는 부모도 있지만, 아이는 언어 습득의 천재다. 모든 단어를 흡수하고 받아들인다.

아이의 질문이 복잡해지고 과학자 같은 질문이 터져 나오게 되면 부모도 어떻게 대답해 주어야 할지 몰라 쩔쩔매는 시간이 온다. 이때 아이의 질문이 당황스럽다고 해서 빙빙 돌리는 대답은 바람직하지 않다. 예를 들어 엄마가 얼음을 바닥에 떨어뜨렸을 때 아이가 다음과 같이 질문했다고 치자.

아이 : 얼음은 왜 차가워요?

엄마 : 얼어서 그렇지.

아이 : 왜 얼어요?

엄마 : 차갑게 만들었기 때문이야.

아이 : 어떻게 차갑게 만들어요?

엄마 : 냉장고에서 차갑게 만들었지.

아이 : 냉장고는 어떻게 차갑게 만들어요?

엄마 : 모터가 있으니까.

아이 : 모터는 왜 있어요?

엄마 : 차갑게 만들기 위해서야.

아이 : 냉장고는 어떻게 차갑게 만들어요?

엄마 : 몰라. 귀찮게 자꾸만 묻지 말고 저리 가!

위의 사례와 달리 엄마가 아는 범위 내에서 아이가 이해할 수 있게끔 친절하게 대답해 주어야 한다. 예를 들어 다음과 같이 말이다.

아이 : 얼음은 왜 차가워요?

엄마 : 얼음은 물이 언 것이란다. 온도가 0℃ 아래로 내려가면 물은 흐물흐물한 액체에서 딱딱한 고체로 변해. 온도가 내려간다는 것은 매우 추워지는 것을 말해. 북극은 춥기 때문에 물이 언제나 얼어붙어 있어. 그것처럼 냉장고는 물을 차갑게 해서 얼음을 만들어 준단다.

아이 : 냉장고는 어떻게 차갑게 만들어요?

엄마 : 응, 액체가 증발할 때는 주위의 열을 빼앗아가 차가워진단다. 냉장고에는 모터가 있어서 액체를 증발시켜 차갑게 만드는 거야. 냉장고에서 가끔가다 '웅' 하는 소리가 나지? 그건 모터가 돌아가는 소리야.

아이 : 그런데, 엄마. 증발이 뭐예요?

아이의 질문이 끝없이 이어지고 엄마가 도저히 대답할 수 없는 상황에 이르면 갑자기 짜증이 날 수도 있다. 또는 많은 사람들 앞에서 설명할 수 없는 것을 물어보면 창피하기도 한데, 이때 짜증을 낸다면 아이의 인생에서 중요한 호기심을 죽이는 결과를 가져

온다. 이 시기 아이의 질문을 부모가 어떻게 다루느냐 하는 것은, 아이의 질문이 지능 발달에 얼마만큼 중요한가를 인식하느냐에 달려 있다고 해도 과언이 아니다.

많은 엄마들은 아이의 질문을 귀찮게 생각한다. '제발 좀 그만 떠들었으면 좋겠다', '제발 일 좀 방해하지 않았으면 좋겠다'는 생각이 들 때가 많을 것이다. 그런데 이 시기는 그 어떤 일보다 아이의 질문에 성의 있게 대답해 주는 것이 중요하다. 아이의 질문과 부모의 대답이 아이의 미래에 미치는 영향을 생각하면, 오히려 아이의 질문을 충만한 기쁨으로 받아들여야 한다.

아이의 질문에 대답을 잘하기 위해서는 부모가 먼저 공부를 해야 한다. 집에 백과사전이나 자연 과학 관련 전집들이 있다면, 아이가 질문할 때 질문에 대한 답을 찾아 주는 모습만 보여 주어도 좋다. 그러면 아이들이 좀 더 자라 궁금증이 생길 때마다 스스로 답을 찾아간다. 아이가 스스로 찾을 수 있는 능력이 생기면, 그때는 부모에게 물어보아도 모른다는 사실을 알고 있어서 더 이상 질문하지 않는다.

Q 언어가 늘어날 때 어떻게 해 주어야 하나요?

26개월 우리 아들은 밝고 장난이 심한 개구쟁이지만, 책은 차분히 제 무릎에 앉아서 본답니다. 다른 아이들에 비해 말이 빠른데, 돌 전부터 간단한 단어를 말하더니 17개월부터는 단어를 붙여서 말하고, 두 돌이 지나면서는 완전한 문장으로 말을 하더군요. 발음도 정확합니다. 막 언어가 늘어날 때는 어떻게 해 줘야 할까요?

[ID 오버맘]

아이의 언어 발달이 빠르고 영재성도 보입니다. 이럴 때는 그림책을 많이 읽어 주는 것이 중요합니다. 그리고 그림책에서 자연 과학 분야의 책으로 확대시켜 주세요. 자동차, 공룡, 식물, 동물 등 자연 분야의 책들을 통해 기억력을 더욱 향상시킬 수 있습니다.

언어 발달을 돕는 좋은 방법은 책을 읽어 주는 것이지만, 한글도 깨우쳐 주세요. 엄마는 아이에게 가장 좋은 한글 선생님입니다. 한글을 깨우치면 엄마가 한 권 읽어 줄 시간에 아이는 무려 열 권을 읽습니다.

그리고 책을 읽고 나면 아이와 대화하세요. 대화할 때는 선생님의 입장에서 물어보지 마세요. 아이가 신나 하면 상관없지만, 아이가 대답을 못했을 때에는 책에 대한 부담감을 갖게 됩니다. 그러면 아이들은 무엇을 물어봐도 입을 다문 채 '몰라' 시리즈가 시작됩니다.

우리가 푸름이에게 했던 방법은 제자의 자리를 지키는 것이었습니다. "박사님, 대단하십니다. 잘 들었습니다. 다음에 또 가르쳐 주세요. 많이 배웠습니다." 등등 책을 읽고 나서 신나게 말할 수 있는 환경만 만들어 주었습니다. 푸름이가 말한 내용이 틀려도 그 자리에서 바로잡는 일은 하지 않았습니다.

책과 더불어 자연에 나가 꽃과 식물에 관한 이야기를 하는 등 평상시에도 아이와 많은 대화를 나누어 주세요.

백과사전은 지적 호기심을 위해 필요하다

푸름이가 세 살 때 하던 질문이 있다.

"눈썹은 왜 있어?"

"구름은 왜 하늘에 딱 붙어 있어?"

"조그만 달이 오늘은 왜 쟁반같이 떴어?"

이런 질문을 들으면 뭐라고 대답해야 할지 몰라 당황스러웠다. 정말 모를 때는 "너는 왜 그렇게 생각하니?" 하면서 대화를 이끌어 가기도 했지만 그것도 한계가 있었다.

이렇게 아이의 질문이 많아지고 부모가 대답해 주지 못할 때 필요한 것이 백과사전이다.

아이의 지적 호기심을 잃지 않게 하기 위해서는 백과사전이 꼭 필요하다. 특히 이 시기는 어휘 수가 급격히 늘어나는 때이므로 백과사전이 아이의 어휘력을 늘리는 데 도움이 될 뿐만 아니라,

지식의 깊이를 더하기 위해서도 반드시 필요하다.

푸름이의 질문은 점점 늘어나고 대답을 해 주자니 적절한 대답이 생각나지 않을 때, 푸름이 엄마는 아이가 한 질문을 적어 놓았다가 저녁에 내가 들어오면 물어보곤 했다.

그래서 백과사전을 샀다. 저녁에 들어와서 대답을 해 주려면 이미 아이의 궁금증은 사라지고 난 뒤였고, 나 역시 하루 종일 일하다가 들어와 대답을 일일이 해 준다는 것도 고역이었다. 게다가 전혀 모르는 질문이라도 나오면 대답해 줄 수가 없었다.

백과사전을 구입하고 나서부터는 푸름이가 대답하기 곤란한 질문을 물어보면 백과사전을 뒤져서 읽어 주었다. 푸름이 엄마는 정말 부지런히 백과사전을 찾았다. 그러다 보니 나중에는 푸름이도 백과사전을 찾는 것이 습관이 되었다.

처음에는 경험이 부족해서 너무 두꺼운 백과사전을 구입했다. 그런데 백과사전이 두껍고 내용이 많으면 아이는 질문에 대한 대답을 전부 읽어 주기도 전에 도망가 버린다. 부모가 읽어 보고 부모의 언어로 대강의 의미만 전달해도 아이의 지적 호기심을 충족시키기에는 충분하다.

백과사전을 읽어 주다 보니 좀 더 쉽게 기술되어 있으면서도 간단하게 보면서 설명해 줄 수 있는, 그림으로 된 백과사전이 더 효과적이라는 생각이 들었다.

이 시기의 백과사전은 아이들의 눈빛이 어디로 향하고 있는지 감지할 수 있는 바로미터의 역할을 한다. 아이가 백과사전을 펼쳐 자동차 부분만 본다면 아이의 관심은 지금 자동차에 있는 것이다. 이럴 때는 부모가 자동차에 관련된 책을 더 많이 보게 해 주고, 자동차 박물관에 가서 자동차를 체험할 기회를 주면 아이의 자동차에 대한 관심은 더욱 깊어진다.

교육은 깊어지는 분야를 더욱 깊어지도록 해서 절정의 경험까지 가도록 환경을 만들어 주는 것이다. 자동차에서 절정의 경험을 맛본 아이는 곧 자동차보다 복잡한 공룡 분야 등으로 옮겨 가게 되고, 공룡 분야에서도 절정의 경험을 맛보기를 원한다. 이런 경험은 나중에 아이가 피아노를 배운다면 피아노에서도 절정의 경험을 맛보기를 원하면서 모든 분야로 골고루 확대되어 나간다.

우리 부부는 백과사전의 위력을 직접 눈으로 확인했다. 그래서 백과사전만 다섯 종류나 구비해 놓았다. 시기에 맞추어 구입하다 보니 다섯 종류나 된 것이다.

푸름이가 27개월쯤 되던 어느 날 "저것은 딩고와 비슷하다."는 이야기를 했다. 딩고라는 단어를 몰랐던 나는 무심결에 "딩고라는 것이 어디에 있니?" 하면서 푸름이의 말을 부정했다.

푸름이가 그 말을 듣고 입을 다무는 것 같아 마음 한구석이 찜찜했는데, 어느 날 백과사전을 뒤지다 보니 진짜 '딩고'라는 단어가 나오지 않는가! 호주에 사는 유일한 육식 개가 딩고였다.

그 이후 나는 푸름이가 무슨 말을 하든 일단 긍정부터 하려고 마음먹었다. 어릴 때부터 백과사전을 즐겨 보았던 푸름이는 27개월도 되기 전에 '뜸팡이' 같은 단어를 나에게 가르쳐 주면서 내 지식을 넘어가고 있었다.

아침에 눈을 뜨면 머리맡에 장난감 대신 그림 백과사전이 있는 것이 좋다. 그러면 아이는 백과사전을 장난감처럼 가지고 놀 것이고, 백과사전을 보면서 우리가 일상에서 배울 수 없는 단어까지 습득하며 지식을 확장시켜 나갈 것이다.

'왜'라는 질문이 끝이 없어요

27개월 된 제 아들이 얼마 전부터 '왜'라는 질문을 많이 합니다. 책을 보면서도 '왜'라는 질문은 어김 없이 등장합니다. "왜 추워?", "손이 왜 시려?" 등 질문이 될 만한 것은 무엇이든 물어봅니다.

정말 난감한 것은 이름에 대한 질문입니다. "왜 오뚝이야?", "왜 핸드폰이야?", "왜 냉장고야?" 하고 물을 때는 "응, 예전부터 이름을 냉장고라고 불러 왔어."라고만 대답해 줍니다. 그런데 이런 것들이 우리 아이가 정말 궁금해서 하는 질문인지 잘 모르겠어요. 질문에 대답하기 힘들 때는 슬쩍 못 들은 척할 때도 있답니다.

[ID 김박사]

'왜'라는 질문을 많이 하는 것은 아이가 지적인 면에서 한 단계 성장했음을 보여 주는 것입니다. 아이는 엄마를 괴롭히기 위해서가 아니라, 궁금해서 묻는 것입니다.

질문을 통해 아이는 세상을 알고 싶어합니다. 지적 호기심이 가장 왕성한 이 시기에 엄마가 지식이 짧다는 핑계로 대답을 안 해 주면 아이의 지적 호기심은 서서히 줄어듭니다.

엄마가 대답할 수 있는 범위에서 성실하게 대답해 주시고, 모르면 백과사전 등에서 찾아서라도 알려주세요.

그리고 가끔 "그런데 너는 어떻게 생각하니?", "글쎄 왜 그럴까?"라고 되물어 아이가 생각할 수 있는 시간도 주세요.

이름에 대한 질문을 끊임없이 하는 것은 질문을 통해 그 이름들을 인식하고자 하는 것입니다. 이전에 "이게 뭐야?" 하면서 했던 질문들을 "왜 그래?"처럼 원인과 이유에 관한 질문으로 연장한 것입니다.

그럴 때는 "예전부터 냉장고라고 불러 왔어."라고 대답해 주는 것보다 그 단어가 가지고 있는 뜻을 풀어서 이야기해 주는 것이 좋습니다. "응, 차갑게 물건을 저장하는 것을 말할 때 냉장고라고 불러." 하면서 대화를 주고 받으면 된답니다.

　아이에게 모든 질문에 대해 정답을 이야기하는 것보다는 백과사전을 통해 궁금한 것을 찾아 해결하는 모습을 보여 주는 것이 더 중요합니다. 이런 모습을 보며 자란 아이들은 궁금증이 생길 때 스스로 백과사전이든 인터넷이든 무언가를 찾아보게 됩니다.

　아이의 질문에 엄마의 창의적인 대답도 좋습니다. 꼭 맞는 답변일 필요는 없으니까요. 엄마가 아이에게 반응해 준다는 데 의미가 있습니다. '왜'라는 질문을 많이 하는 이 시기 아이의 지적 수준을 한없이 넓히기 위해서는 백과사전이 효과적이랍니다.

한글은 즐겁게 빨리 가르친다

아이의 언어 환경을 만들어 주는 또 다른 방법은 스스로 언어를 받아들일 수 있도록 한글을 일찍 가르치는 것이다. 엄마는 집안일도 해야 하고 또 사회 생활을 하기도 하므로 늘상 바쁘다. 그래서 아무리 아이에 대한 정성이 지극해도 책을 읽어 주는 시간은 한정되어 있다.

그러나 한글을 읽을 줄 아는 아이는 책만 펼쳐 놓으면 자신에게 이야기해 주는 사람이 있음을 발견하게 된다. 링컨이 이야기하고, 세종대왕과 대화를 나누며 간디가 자신에게 말을 걸어 온다. 인류의 가장 위대한 인물들과 대화를 나누고 있다는 사실을 깨달은 아이의 정신 속에는 이전의 삶과는 전혀 다른 세상이 펼쳐진다. 아이에게 자신만의 세계가 만들어지는 것이다.

한글은 일찍 가르쳐야 한다. 우리 부부는 강연을 하면서 현장에서 너무 많은 것을 보고 들었다. 한글을 일찍 가르치면 안 된다는 이야기를 철석같이 믿다가 학교에 들어갈 때쯤 되자 너무 늦은 게 아닌가 싶어, 부랴부랴 선생님을 붙여 한글을 가르치는 엄마들을 보았다. 이렇게 하다 보니 아이에게 강요하게 되고, 아이는 한글 배우는 것을 괴로운 일이라 생각하게 된다.

단지 학교에 들어가서 교과서를 배우게 하려고 한글을 가르치는 것이 아니다. 한글을 배워 아이 스스로 책을 읽게 되면, 배움에 대한 즐거움 때문에 평생을 배움의 장에 들어오게 된다.

한글을 가르칠 때는 즐겁게 해야 한다. 아이가 글자에 많은 관심을 보이고 읽고 싶어할 때가 한글을 가르치는 적절한 시기이다. 그리고 한글을 가르칠 때 아이가 잘 모르고 더디게 따라와도 혼내지 말아야 한다. 아이가 제대로 이해하지 못해 엄마의 마음이 답답하고 속에서 부글부글 끓어오르더라도 "이거 몇 번이나 가르쳐 주었니?"라는 소리는 하지 말아야 한다.

"이 글자가 저 글자하고 똑같이 보여?"라고 말하는 순간 아이는 한글 배우기를 거부하게 되고, "한글 공부하자!"라는 소리만 나와도 방 벽에 가서 눈을 가리고 서 있는다. 눈만 가리면 배울 것 같지 않으므로 그런 행동을 하는 것이다. 이 시기 아이들의 특성이 눈앞에서 사라지면 없다는 생각을 하기 때문이다. 그러므로 강제적으로 한글을 가르치는 것은 좋지 않다. 엄마가 조급하거나 무리하게 가르치려 들면 오히려 역효과가 난다.

한글을 못 배운다는 게 문제가 아니라, 그 이후에는 배움 자체에 대한 두려움을 갖게 된다는 것이 훨씬 더 심각한 문제이다.

그리고 한글을 뗄 때는 똑 떼야 한다. 10퍼센트 아는 것이나 90퍼센트 아는 것이나 한글을 완전히 모르는 것은 마찬가지다. 책을 스스로 읽어 나갈 수가 없기 때문이다. 한글을 통문자로 잘 가르쳐 아이가 90퍼센트는 이해했는데, 나머지 10퍼센트를 흐지부지해서 아이 혼자 책을 못 읽는 채로 1~2년을 그냥 보내는 엄마들도 많다.

영어책을 읽을 때 모르는 단어가 한 문장에 두 개만 나와도 그 문장을 읽기 어려운 것과 같이 90퍼센트를 읽어도 10퍼센트의 한글을 모르면, 아이는 자기 스스로 책을 읽으려 하지 않는다.

한글을 가르치는 것은 단지 글자를 읽게 하자는 것이 아니라, 스스로 책을 보게 하려는 것이다. 그렇게 하기 위해서는 한글을 완벽하게 깨우치게 해야 한다.

한글을 일찍 가르치면 창의성이 없어진다는 말은 영어와 한글의 구조를 이해하지 못하고 서구의 교육 이론을 그대로 받아들인 데서 나온 것이다. 영어 알파벳에는 b와 d, p와 q같이 뒤집으면 똑같아지는 음소들이 있어서, 문자를 일찍 가르치면 아이들을 난독증으로 몰고 갈 우려가 있다.

예를 들어 was와 saw를 같은 단어로 인식하는데, 이렇듯 비슷한 단어가 많거나 발음 체계가 복잡한 영어권에서는 난독증이 광

범위하게 발생하고 있다. 그래서 영어권 나라에서는 그림책을 볼 때, 문자를 일찍 가르치면 문자에 집착하느라 정작 그림을 못 보게 되므로 창의성이 떨어지는 경우가 흔하다고들 한다.

그러나 한글에는 헷갈리는 음소가 없다. 놀이를 통해 한글을 재미있게만 가르친다면 우리 아이들은 적어도 알파벳을 쓰는 서구의 아이들보다 5년 일찍 글을 읽을 수 있다. 세계와 어깨를 나란히 할 인재를 키워 낼 수 있는 가장 강력한 힘의 근원은 한글에 있다고 본다.

한글을 가르치는 적당한 시기는 언제일까요?

31개월 된 아들을 키우는 엄마인데, 한글을 가르치는 적당한 시기는 언제쯤일까요? 한글 학습지를 하다가 너무 이른 것 같아 지금은 교재 활용 정도만 해 주고 있습니다.

돌 무렵 시기에는 아이가 인지가 굉장히 빨랐는데, 요즘은 한글을 지루해 하는 것 같아 그냥 내버려 둔 상태입니다. 어떻게 해야 한글을 잘 가르칠 수 있을까요?

[ID 주 화니]

글렌도만이라는 학자는 글을 배우는 시기는 빠르면 빠를수록 좋고 쉽게 배울 수 있다고 하였습니다. 저도 물론 이 원칙에 100퍼센트 동의합니다. 그렇지만 잘못 가르치면 그만큼 부작용이 큰 것도 사실입니다.

따라서 한글을 가르치는 적당한 시기는 아이가 한글을 배우고 싶어 몸달아할 때가 가장 적합하다고 말씀드리고 싶습니다.

한글을 빨리 배우기 위해서는 그 이전에 사물을 인지하는 단계가 선행되어야 합니다. 책을 많이 보고, 자연에 나가 체험하며, 부모와 많은 대화를 통해 사물을 인지하는 능력이 길러진 아이는 문자라는 상징을 비교적 쉽게 받아들이지요.

한글은 누구나 배울 수 있습니다. 방법론적으로도 재미있는 놀이를 통해 가르치면 쉽게 배울 수 있습니다. 하지만 한글을 안다고 자연스럽게 책 읽는 습관이 드는 것은 아닙니다. 어릴 때부터 배움에 대한 즐거움이 몸에 배어 있어야 하지요.

한글을 가르치다가 너무 이른 것 같다는 판단이 들어 빨리 중단한 것은 아주 현명한 결정이라고 생각되네요. 엄마의 늦은 결정으로 정서적으로 한글을 배우기 싫다는 느낌을 갖게 되면, 그 이후에는 한글을 가르치기가 무척 어려워집니다. 그런 면에서 지식과 정보를 받아들이는 것이 뒤떨어질 수도 있답니다.

　당분간은 책을 읽어 주는 것에 주력하세요. 책이 즐거워 시도 때도 없이 읽어 달라고 조를 때 슬쩍슬쩍 한마디씩 던지세요. "글자를 알면 이 재미있는 책을 혼자서도 얼마든지 볼 수 있는데……." 이렇듯 아이 혼자서 책을 읽었으면 하는 동기를 부추겨 주시기 바랍니다.

　그리고 어쩌다 아이가 한 글자만 읽어도 하늘이 떠나갈 듯 칭찬해 주시기 바랍니다. 부모가 스스로 책 읽는 능력을 얼마나 높이 평가하는지 아이가 느낄 수 있도록 해 주면, 아이는 글을 읽고 싶은 마음이 점점 커집니다. 어른도 마찬가지지만 아이 역시 자기 필요에 의해 배울 때 무서운 속도로 받아들인다는 것을 기억하세요.

책 읽기만으로 한글 습득이 가능한가요?

25개월과 10개월 된 두 아이가 있습니다. 큰 아이에게 그림 동화를 구연하여 들려주고, 글씨가 있는 책은 읽기도 전에 책장을 넘겨 그림을 보고 얘기를 들려주는 정도입니다.

그런데 이런 식으로 하다 보면 한글을 아는 속도가 늦어지는 게 아닌가 싶습니다. 한글에 대한 관심도 별로 없고요. 책을 많이 읽어 주는 것만으로 한글을 쉽게 습득할 수 있을까요? 아이에 따라 다소 차이가 있겠지만, 언제쯤 한글을 깨우치게 하는 게 좋을까요?

[ID 관찰자]

독서는 아이의 지능 발달에 가장 중요한 영향을 미치는 활동입니다. 역사상 위대한 사람들은 예외 없이 어린 시절부터 책을 많이 읽는 독서광이었다고 합니다. 독서는 지능을 높일 뿐만 아니라 미지의 세계에 대한 왕성한 호기심을 유발시켜, 아이의 잠재적인 재능을 일찍부터 눈뜨게 해 주기 때문입니다.

중요한 것은 한글을 아는 것보다 책을 좋아하게 만드는 환경이 되어야 한다는 것입니다. 물론 그림책을 보다가 한글을 쉽게 터득하는 아이들도 있습니다. 그렇다고 해도 아이에게 절대 글자를 강제로 가르쳐서는 안 됩니다. 조급하거나 무리하면 오히려 역효과가 납니다. 아이 스스로 글자를 읽고 싶게 만드는 것이 가장 중요하지요.

대개 처음에 그림책을 보여 주면 아이는 글자부터 보는 게 아니라 그림부터 먼저 봅니다. 그림을 보면서 사물의 이름을 가르쳐 주고, 아이가 집중하는 짧은 시간에 책도 읽어 주면서 꾸준히 하다 보면, 어느 순간부터 아이가 글자를 읽고 싶다는 마음을 갖게 됩니다.

손으로 글자를 짚으면서 그림책을 읽어 주다 보면 아이가 이야기에 따라 그림이 달라진다는 것을 알아차리고, 다음에는 글자가 소리로 바뀐다는 것을 자연스럽게 알게 됩니다. 이때 엄마가 "글자를 알면 책을 혼자서 읽을 수 있을 텐데……." 하고 한마디씩 던지면서 아이가 글자에 관심을 갖도록 만들어 주어야 합니다.

다시 한 번 강조하지만, 글자를 아는 것이 중요한 게 아니라 책 읽기를 즐거워하는 것이 중요합니다. 엄마가 언제쯤 글을 가르치는 것이 효과적인지 알려면 아이를 잘 관찰해 보세요. 글자 카드를 가지고 놀면서 아이가 글을 배워도 될 것 같다는 느낌이 들면 그때는 가르쳐도 좋습니다.

하지만 전혀 글자에 관심을 보이지 않는다면 무리하게 가르치기보다는 사물을 인지시키는 데 더욱 역점을 두어야 합니다. 그리고 조급한 마음을 접고 기다려야 합니다.

텔레비전도 잘만 사용하면
교육 효과가 크다

텔레비전은 아이에게 여러 얼굴을 가진 교사라고 할 수 있는 '장난감'이다. 그렇다고 아이 보는 장난감으로 텔레비전을 사용하면 해로울 수 있다. 텔레비전은 정보가 일방적으로 전달되므로 엄마가 책을 읽어 주는 것이나 대화를 나누는 것처럼 서로간의 교류가 없기 때문이다. 따라서 일찍부터 텔레비전을 보는 아이는 자신의 의견을 표현하는 방법을 배우지 못할 뿐만 아니라, 잘못하면 아이가 방치될 수 있다.

텔레비전은 무척 강한 자극제이기 때문에 한번 중독되면 책을 읽는 것과 같은 온건한 자극에 아이가 반응하지 않는다. 그래서 텔레비전을 많이 보는 아이들은 대체로 책 읽기를 싫어한다.

텔레비전의 또 다른 문제점은 아이가 감당하기에는 너무 벅찬, 폭력과 선정적인 장면이 여과 없이 흘러나온다는 데 있다. 텔레비전의 폭력 장면을 보면 아이가 폭력을 당연하게 받아들이는 계기가 될 수도 있다.

여러 가지 면에서 텔레비전은 해로운 면을 간과할 수 없지만, 잘만 사용하면 아주 유용한 교육 수단이 될 수도 있다. 아이가 텔레비전을 보면서 다양한 지식들을 배울 수 있으므로 관심 분야를 넓힐 수 있고, 특히 풍부한 언어를 습득하게 해줌으로써 두뇌 발달을 도와줄 수도 있다.

텔레비전을 유용한 교육 매체로 활용하려면, 부모가 함께 보면서 텔레비전의 내용을 자연스럽게 부모의 언어로 소화시켜 주어야 한다. 정보가 일방적으로 전달되지 않고 부모와 아이가 충분히 교류를 나눌 수 있노록 대화의 수단으로 사용하는 것이다.

예를 들어 엄마가 역사를 다룬 드라마를 본다고 치자. 이때 엄마는 아무 말 없이 눈물만 찔끔찔끔 흘리지 말고, 그 드라마의 배경이 되는 시대를 아이에게 이야기해 줌으로써 자연스럽게 역사를 가르쳐 줄 수 있어야 한다.

우리 가족은 자연 다큐멘터리와 뉴스를 많이 시청했다. 텔레비전에서 자연 다큐멘터리를 방송하면 녹화해 두었다가 푸름이와 함께 수십 번을 보곤 했다. MBC에서 방송된 '아프리카의 철새들'이란 프로그램은 푸름이가 수도 없이 보았는데, 그때 그 프로그램을 보면서 푸름이는 새에 대해 관심과 흥미를 갖게 되었다.

텔레비전 광고를 보면서 아이가 글을 쉽고 빠르게 배울 수도 있으므로 광고를 잠깐씩 보여 주는 것은 괜찮다. 그런데 엄마가 집안일을 하기 위해 아이에게 주구창창 광고를 보여 준다면 중독으로 이어질 수도 있으므로 반드시 주의해야 한다.

특히 아빠들은 직장에 갔다 와서 습관적으로 텔레비전을 켜놓고 휴식을 취하는 경우가 대부분이다. 이로 인해 부부 싸움이 일어나기도 한다.

그런데 아빠를 교육의 장으로 끌어들이기 위해서는 텔레비전을 보지 말라고 강요하는 것보다는 아이의 교육을 위해 텔레비전을 효과적으로 활용해 달라고 부탁하는 것이 훨씬 낫다. 그저 바보처럼 멍하니 쳐다보지만 말고 아이가 이해할 수 있게끔 설명도 해 주고, 텔레비전 내용에 대해 함께 대화도 나누어 달라고 부탁해 보자. 아이와 아빠가 친밀한 관계를 맺을 수 있는 기회도 되고, 아이의 지능 발달에도 큰 도움을 줄 수 있다. 컴퓨터로 유튜브를 보는 것도 마찬가지다.

부모와 아이 사이에 관계가 좋으면 중독으로 가는 경우는 없다. 중독은 감정이 억압되어 기쁨을 느끼지 못하기에 술이나 도박, 성이나 물건 같은 매개물을 통하여 기쁨을 느끼지만 결국에는 병들게 되는 관계를 말한다. 자신의 외부에서 기쁨을 찾지만 결국에는 스스로를 조절할 수 있는 능력을 잃게 된다.

텔레비전에 정신이 팔려 있어요

22개월 된 아들이 있습니다. 예전에는 책을 찢고 물어뜯고 하면서 놀았는데, 지금은 텔레비전에만 너무 정신이 팔려 있어요. 책을 읽어 주려고 텔레비전을 끄면 쪼르르 달려가서 다시 켜고, 늘 그걸 반복하고 있답니다. 텔레비전을 덜 보게 하고 책을 읽어 주고 싶은데 어떻게 하면 될까요?

[ID 마법사]

텔레비전은 책보다 훨씬 자극이 강하므로 텔레비전을 먼저 본 아이는 책으로 눈을 돌리기가 쉽지 않습니다. 사실 아이를 키우는 엄마는 드라마를 봐서도 안 됩니다. 드라마가 시작되면 그 시간에는 아이의 교육을 놓치게 되고, 아이도 자연스럽게 텔레비전을 보게 되기 때문이지요. 이때 아빠도 한몫 거들며 부부가 텔레비전을 보면 아이의 교육은 악순환으로 빠져듭니다.

푸름이를 키울 때 우리 부부는 텔레비전을 본 기억이 거의 없습니다. 다큐멘터리나 자연에 관한 좋은 프로그램은 녹화해서 보여 줄 정도의 열성은 있었습니다.

그런 프로그램을 볼 때조차도 항상 푸름이 엄마나 제가 앉아서 그 프로그램에 나오는 동물이나 상황을 대화로 풀어 주며 함께 보았지요. 이것이 습관이 되자 푸름이는 좋은 프로그램은 보고, 끝나면 미련 없이 텔레비전을 껐습니다.

지금 텔레비전을 덜 보게 하고 책을 보게 하고 싶다면 첫째, 텔레비전을 아이의 눈에 잘 보이지 않는 장소에다 치워야 합니다. 눈에 보이면 아이는 텔레비전을 보려 하지만, 보이지 않으면 훨씬 덜 보게 될 것입니다.

두 번째는 엄마가 항상 책을 보고 있는 모습을 보여 주세요. 아이가 보는 환경이 엄마가 책을 보는 모습이라면 아이는 자기도 모르게 책을 읽고 책과 친해지게 됩니다.

　세 번째는 아이가 흥미 있어 할 만한 책을 골라 주세요. 아이의 기분이 좋은 시간에 책을 잠깐씩 보여 주면, 점점 책에 집중하는 시간이 길어지게 됩니다.

　사실 책을 찢고 물어뜯는 것도 입을 통해 사물의 특성을 배우는 과정입니다. 장난감처럼 너덜너덜해질 때까지 갖고 노는 것도 하나의 과정이라고 생각하세요. 그래야 책을 읽는 연속성이 깨지지 않습니다.

　아이가 텔레비전을 많이 본다면 그 이후의 발달에 영향을 미치게 됩니다. 힘들더라도 당분간 텔레비전을 없애든 감추든 특단의 조치를 취하고, 하루에 몇 분만이라도 꾸준히 책을 보여 주세요. 22개월 정도의 아이라면 책 보게 하기가 무척 쉽고, 부모의 역할에 의해 잘 따라오게 할 수도 있답니다.

　그리고 아이가 책을 좋아해서 텔레비전에 영향을 받지 않을 정도가 되면 텔레비전을 교육 매체로 잘 활용하는 것도 괜찮습니다.

동생을 거부하는 것은
자연스러운 감정이다

제1반항기에 부딪치는 문제 중 하나가 동생이 태어나서 생기는 '형제 자매 간의 적대 의식'이다. 이제까지는 자신이 사랑을 독차지했는데, 동생이 태어나 사랑이 분산되다 보니 어린 동생을 거부하는 것은 당연한 결과이다.

동생이 태어나면 아이는 동생을 괴롭히거나 이전에는 하지 않았던 퇴행 현상을 보이게 된다. 잘 가리던 대소변을 못 가리거나 자기도 동생처럼 우유병으로 마시겠다고 우기는 등 동생처럼 행동하는 것이다.

일반적으로 어린 아이들은 동생이 태어나면 아기로 되돌아가고 싶은 마음에 아기와 같은 행동을 하게 된다. 이것은 모든 아이들에게 공통으로 나타나는 전형적인 행동이다. 자신은 노력해서 밥도 혼자 먹고, 화장실에 가는 것도 열심히 연습하는데 부모가 관심을 보여 주지 않는다. 이에 반해 동생은 엄마가 먹여 주기도 하고 기저귀도 갈아 주면서 여러 사람이 주목하니까 아이 입장에서 부모의 관심을 끌고 싶은 행동을 하는 것이다.

그래서 '그렇지! 아기처럼 행동하면 엄마는 다시 나를 귀여워해 줄지도 몰라.' 하고 생각하여, 속옷을 더럽히거나 젖을 먹고 싶어 하거나 안기고 싶어하면서 응석을 부린다.

이때 엄마가 할 일은 아이의 마음을 공감하고 이해해 주는 것이다. 아이가 바란다면 아기로 돌아갈 기회도 충분히 주어야 한다. 그리고 동생도 사랑하지만 너도 충분히 사랑한다는 마음을 보여 주면, 아이는 일시적으로 아기의 상태로 돌아갔다가도 곧 되돌아온다.

그런데 엄마가 "왜 그래? 너는 형이잖아. 형은 그런 짓 하는 게 아니야. 못써요! 아기 흉내는 그만두란 말이야." 하면서 아이를 나무라면 아이는 상처를 받아 더욱더 아기처럼 행동하게 된다. 야단을 맞으면 맞을수록 아이의 퇴행 현상은 오래간다는 것을 기억하자.

푸름이도 처음 초록이가 태어났을 때 초록이 배에 발을 올려놓고 "엄마 이것 봐!" 하고 외치고, 우유병도 초록이보다 큰 병으로 달라고 한 적이 있었다. 또 초록이를 안아 주자 푸름이가 자기는 따돌림받았다는 얼굴 표정을 짓고는 했다.

동생이 태어나 아이가 일시적인 퇴행 현상을 보이면 엄마는 아이의 마음에 적극적으로 공감해 주고, 퇴행 현상을 자연스럽게 받아 주어야 한다.

푸름이 엄마는 "푸름아, 엄마가 너만 사랑하다가 초록이도 사랑하니까 마음이 안 좋아서 그렇지?" 하면서 아이의 마음을 공감하고 이해해 주었다. 또한 변함없이 푸름이를 사랑한다는 말을 하면서 꼭 껴안아 사랑을 느끼게 해 주었다.

엄마가 아이의 퇴행을 자연스럽게 받아 주고, 엄마를 독점할 수 있는 기회를 주면 동생을 괴롭히는 행동은 점점 사라진다.

사실 아이를 잘 관찰하면, 언제나 동생을 괴롭히는 것이 아니다. 동생을 괴롭히는 시간보다는 아끼고 사랑해 주는 시간이 훨씬 더 많다. 동생을 아끼고 사랑할 때 열심히 칭찬해 주고, 동생을 돌보는 데 있어 일정한 역할을 부여하면 형제자매 간의 우애는 더 깊어진다. 그런데 부모가 아이들이 싸울 때만 야단을 치므로 싸우는 행동이 더욱 강화되는 것이다.

그리고 형제 자매 간의 터울이 3년 정도는 되어야 아이의 눈빛을 읽으면서 1:1 교육을 할 수 있다.

큰 아이가 동생을 너무 괴롭혀요

큰 아이가 34개월, 동생은 8개월 된 남자 아이입니다. 큰 아이가 동생을 너무 괴롭혀요. 동생이 보행기를 타고 있는데 벽에 밀치고, 우유를 먹이는데 얼굴을 발로 차서 우유병이 날아가고, 기어 다니는 동생 등에 올라 말을 타고……. 하루 종일 전쟁입니다.

동생에 대한 얘기를 많이 해 주는데도 거의 듣는 둥 마는 둥 하고, 매를 들기 시작하니까 갈수록 횟수와 강도는 더 세지고 아이의 태도 역시 더욱 나빠지네요. 어떻게 해야 하나요?

[ID 현이준이]

　　둘째가 태어날 때 첫째가 일시적인 퇴행 현상을 보이리라는 것은 어느 정도 각오하셨을 겁니다. 큰 아이는 사랑만 받다가 갑자기 동생이 생겨 사랑을 빼앗기니 억울할 수밖에 없는 상황입니다.

　　아이가 퇴행 현상을 보일 때 엄마가 때려 주면 오히려 그런 퇴행이 강화됩니다. 엄마의 사랑을 빼앗긴 것도 분한데 매까지 맞는 상황이 되었으니 오죽 동생이 밉겠습니까!

　　푸름이 엄마는 둘째 초록이가 태어나자 첫째 푸름이에게 더욱 충실하면서 동생임을 인지시키는 데 주력했습니다. 어느 날 초록이를 안고 나오는 엄마를 본 푸름이가 놀라워하는 모습을 보였습니다. 이제까지 자기만 안아 주던 엄마의 품에 다른 아이가 있으니 놀랄 수밖에요.

　　이 때 푸름이 엄마는 초록이를 내려놓고 "푸름아, 이리 와. 엄마야, 네 엄마야!" 하면서 푸름이를 꼭 안아 주었습니다.

　　그리고 엄마가 얼마나 푸름이를 사랑하는지 알려주고 또 동생 초록이도 그런 사랑을 받아야 한다고 이야기해 주었습니다. 형으로서 동생 초록이에게 사랑을 주는 의젓한 모습도 칭찬했고, 형으로서의 역할도 주었지요. 푸름이가 초록이의 우유병을 가지고 왔을 때는 "푸름아, 어떻게 이렇게 의젓

할 수 있어?" 하면서 머리를 쓰다듬어 주었습니다.

푸름이가 형으로서의 역할을 받아들이고 동생을 돌봐 주기 시작하면서 푸름이의 퇴행 현상은 사라지고, 자라면서 둘도 없는 형제애를 보여 주었습니다.

아이를 야단치는 것보다는 형으로서의 자긍심을 심어 주고, 동생을 사랑하는 형의 모습을 보일 때 아낌없이 칭찬해 주세요. 그리고 첫째에 대한 애정 표현도 끊임없이 해 주면서 남이 아닌 자기 동생이라는 사실을 깨닫게 해 주면 곧 퇴행 현상은 사라집니다.

한편으로 아기 때 사진도 보여 주면서 너도 엄마가 이렇게 우유도 먹여 주고 기저귀도 갈아 주었다는 것을 이해시켜 주세요. 결단력을 가지고 부정적인 방향에서 긍정적인 방향으로 바꾸시기 바랍니다.

무엇보다 중요한 것은 엄마 마음에 두 아이에 대한 비교가 있으면 아이들은 엄마가 말하지 않아도 얼굴, 표정, 분위기 등으로 엄마의 마음을 읽게 됩니다. 두 아이를 비교 없이 있는 그대로 아이가 원하는 대로 사랑해주면, 아이는 동생이 태어나도 자신이 사랑을 빼앗기는 게 아니라는 것을 알게 되어 동생을 사랑하게 됩니다.

동생에게 질투가 심해요

요즘 아이 둘과 적응하느라 너무 힘이 들어요. 첫째 아이가 많이 힘든
가 봐요. 동생에게 샘을 내고 행동도 똑같이 따라 하려 해요. 혼내는 횟
수도 동생이 생긴 후로 아주 많아졌습니다. 저랑 둘이 있을 때는 혼낼
일이 없는데, 동생하고 있으면 첫째를 많이 혼내게 돼요. 지혜롭게 헤
쳐 나가는 방법 좀 가르쳐 주세요.

[ID 김박사]

첫째가 동생을 따라서 한다는 것이 구체적으로 어떤 것인지는 잘 모
르겠지만, 둘이서 교류를 만들어 가고 있다고 보시는 게 현명한 시각일 것
입니다.

동생과 함께 놀면서 서로가 공유하는 것이 많아지므로 그때는 서로의
행동이 비슷하게 발전해 갑니다. 그 사이 아웅다웅 다투기도 하고 말싸움
도 하지만, 이것은 자연스럽게 서로 타협하고 협상하는 과정이라고 보시면
됩니다.

그러한 과정에서 엄마가 일방적으로 첫째가 참으라거나 야단을 치면,
아이는 점점 위축되고 자신감을 잃게 되면서 오히려 이전에 야단을 덜 맞
았던 아기 때로 돌아가려는 행동을 합니다.

아이들이 다툴 때는 될 수 있으면 간섭하지 말고 둘 사이에서 해결하도
록 유도하세요. 그리고 서로 다르다는 것을 이해시켜 주세요. 평소에 엄마
가 아이 각자가 가지고 있는 재능을 칭찬하고 격려해 주면, 서로 자긍심을
가지면서 배려할 수 있는 마음을 기를 수 있답니다. 물론 둘 모두에게 긍정
적인 효과를 가져다 줄 수도 있고요.

자라면서 푸름이와 초록이는 서로 큰 스트레스를 받는 경우가 없었습니
다. 푸름이는 동생을 잘 돌봐 주고 초록이는 형을 진심으로 믿고 따랐지요.
초록이가 조금 개인적인 면이 있어 가끔 푸름이를 힘들게 할 때도 있었지

만, 둘 사이의 신뢰가 깊어 잘 놀았습니다. 지금도 초록이에게 푸름이는 절대적인 믿음의 존재이지요.

아이들에게 너무 완벽한 것을 기대하지 마세요. 좀 더 기준을 넓혀 배울 수 있는 기회를 주세요. 서로 의지하고 사이좋게 지낼 때면 크게 칭찬하고 격려하세요.

첫째가 샘을 내면 그 샘을 인정해 주시고 들어주세요. 부모가 배려하고 섬세하게 들어주면 샘을 내는 것도 점점 사라집니다. 욕구가 마음껏 충족되지 않았으므로 샘을 내는 것이지요.

아이가 샘을 내거나 변덕스러운 것은, 엄마가 나를 얼마나 사랑하고 신뢰하고 있는지 시험하고 있다는 뜻입니다.

질투는 엄마의 마음에 비교가 있을 때 옵니다. 질투는 자신이 다른 사람보다 못났다는 것을 상대방을 통해 보게 되면 그 사람을 깎아내려 자신의 못남을 보지 않으려는 것입니다. 엄마가 자신도 모르는 사이 둘째를 사랑하게 되면 첫째는 동생을 질투하게 되지요. 아이들을 비교하지 않고 두 아이를 있는 그대로 사랑한다면 아이들은 사이가 좋을 수밖에 없답니다.

느긋하게 배변 훈련을 시작한다

    이 시기에는 애정과 스킨십을 통해 자연스럽게 배변 훈련을 시켜야 한다. 배변과 배뇨에 관한 훈련은 어느 정도 괄약근을 조절할 수 있는 신경이 발달하고 대화를 통해 의사를 전달할 수 있는 24개월을 넘어서는 때가 적당하다.

    배변 훈련을 너무 일찍 시키거나 강제로 시키면, 배변 훈련에서는 유순하다 하더라도 훈련에 대한 긴장감과 욕구 불만이 다른 방향으로 나타날 수 있다. 이를 테면 아이가 갑자기 무서워하기 시작하거나, 부끄러움을 많이 느끼고, 잠자리에서 가위를 눌리기도 한다. 대부분은 고집스러워지든가 반항적으로 되며, 나중에 성장해서는 매우 인색한 사람이 되거나 결벽증을 갖게 될 수도 있다.

    배변 훈련은 먼저 신호가 확실한 배변부터 자연스럽게 시작해야 한다. 그리고 아이의 몸에서 일어나는 변화를 말로 표현하는 법부터 가르쳐야 한다. 아이가 용을 쓴다거나 끙끙거리고 있으면 "너 응가 하고 있구나."라고 여러 번 반복해 말해 줌으로써 아이가 나중에 배변할 때 "엄마, 응가!"와 같이 말하게끔 유도하는 것이다.

"응가!"라는 말을 할 수 있으면 그때는 아기용 변기를 사용하여 배변하는 모습을 시범으로 보여 주고, 우리 아이도 이제는 충분히 변기를 사용하여 배변할 수 있는 능력이 있다고 은근히 칭찬해 준다.

푸름이에게 변기를 사용하는 시범을 보여 주는 것은 주로 내 담당이었다. 아빠가 시범을 보이면 아이는 더 잘 따라 한다. 초록이에게는 푸름이가 시범을 보였는데 훨씬 쉽게 따라 했다.

배변 훈련에 실패했다고 해서 절대로 아이를 야단치면 안 된다. 변의를 느끼지 않는데 강제로 시켜서도 안 된다. 그저 부모가 느긋한 태도로 배변 훈련을 시키고 아이의 기분을 무시하지 않는다면 자연스럽게 배변을 할 수 있게 된다.

배뇨는 배변보다 훨씬 어렵다. 오줌이 마렵다는 생각은 변이 마렵다는 생각보다 분명하지 않기 때문이다. 배뇨 훈련도 먼저 그 행위를 언어로 말하는 것에서부터 시작한다. 기저귀를 갈아 줄 때 '쉬를 했구나.' 하면서 배뇨 상태를 말로써 가르친 다음에 배뇨하는 시범을 보여 준다.

배뇨 훈련은 여유 있고 편안한 마음으로 해야 한다. 밤중에 오줌을 못 가려도 그저 아무렇지도 않은 것처럼 "다음에는 싸지 않을 거야."라거나 "오줌을 싸고 싶으면 깨서 화장실로 가면 돼."와 같이 자연스럽게 이야기해 주어 아이가 배뇨에 대해 긴장감을 갖지 않게 해야 한다. 부모가 배뇨를 강요하면 밤중의 배뇨 습관을 익히는 데 많은 시간이 걸린다.

배변과 배뇨 훈련을 시작했는데도 아이가 못 받아들이면 주저 없이 다시 기저귀로 되돌아가 몇 달 뒤에 다시 시도하는 것이 바람직하다. 아직 준비가 안 된 상태이기 때문이다.

준비가 안 된 아이는 기다리는 것이 최선이다. 그러다가 준비가 되면 그때 다시 시작하면 된다.

대소변을 못 가리는데 혼내면서 가르쳐야 하나요?

30개월 된 남자 아이인데 대소변이 마려우면서도 꾹 참아요. 예전보다 지금이 더 그런 것 같아요. 한 달 동안 어린이집에 보낸 후로는 그렇게 참으면서 말을 안 해요. 소변은 급하면 마렵다고 하는데, 대변은 조금이라도 싼 후에 울음을 터뜨려요. 처음에 가르칠 때 혼을 내면서 가르쳐서 그런 건지 모르겠어요.

[ID 구미연]

아이는 대개 18~24개월 사이에 배설 전후의 의사를 조금씩 표시하려고 합니다. 이때는 이미 쌌더라도 칭찬을 해 주고, 느긋하게 대해 줄 필요가 있습니다. 점점 그 의사 표시를 분명하게 함을 인정해 주면서, 아이가 놀이 등에 몰입함으로써 변의를 잊어버릴 수도 있으므로 느긋하게 훈련시켜야 합니다.

그러나 이때 혼을 내거나 조급하게 서두르면 아이는 불안해하며 참으려고 합니다. 이것이 계속되면 나중에는 결벽증적 성격을 갖게 되거나 수전노적인 인색함, 수집광적인 특성을 보일 수도 있지요. 배변과 배뇨는 잡고 놓는 것을 적절하게 하는 것인데 심리적으로 잡고만 있으면 성격적으로도 잡고 있는 상태가 되는 것이지요. 이 시기는 수치심도 발달하는 때라 아이가 배변 훈련을 하면서 수치심을 느끼게 되면 나중에 자신의 존재 자체를 수치스럽게 여겨 감정을 억압할 수도 있습니다.

배변 훈련에서 가장 중요한 것은 부모가 조급해하거나 억압적인 태도를 취하면 안 된다는 것입니다. 느긋하게 칭찬해 주면서 변기에서 스스로 변을 보는 것을 자랑스럽게 여길 정도의 응원이 필요합니다.

아이가 대소변을 못 가리는 것은 불안한 환경에서 더욱 심화되므로, 어린이집은 대소변을 가릴 수 있는 다음에 보내는 것이 바람직합니다. 불안하니까 더욱 참으려 하고, 그러다 보니 점점 실수하게 되고, 이것이 계속 악순환으로 진행되는 것이지요.

따라서 이 악순환의 고리를 끊어야 합니다. 지금 실수해도 아이를 야단치거나 한숨 짓지 마시고, 마음 편안하게 대소변을 가릴 수 있는 환경을 만들어 주세요.

그리고 너무 민감하게 대응하지 마시기 바랍니다. 아이가 대변 보는 시기를 잘 관찰하고 끈기 있게 기다려 주며, 대소변을 보고 자기가 물을 내리게 하는 등 흥미 있는 일을 만들어 주세요.

또 바지에 응가를 했을 때는 기분이 나빠지거나 불쾌감을 갖게 된다는 것을 이야기해 주세요. 아이는 그것을 이해한다 해도 불안감 때문에 더욱 움츠러들게 되므로, 무엇보다 실수했을 때 부모가 야단을 치지 않는 것이 제일 중요합니다.

아이 혼자 대소변을 보았을 때 불안감 없이 성취감을 느끼게 해 주는 것이 지금 부모가 해 주어야 할 가장 중요한 일입니다. 조금 지나면 언제 그랬냐 싶게 잘 가리게 될 것입니다.

사회성을 기르기 위해
꼭 아이들과 놀게 할 필요는 없다

좋은 사회성이란 누구와도 허물없이 어울려야 한다는 '떼거지' 개념이 아니다. 먼저 남을 배려하는 따스한 마음이 있고, 자신이 독립적이어야 함을 의미한다. 이런 사회성은 꼭 아이끼리 어울려야만 길러지는 것이 아니다. 오히려 부모와 자식 간의 사랑과 배려 속에서 아이는 좋은 사회성을 갖게 된다.

아이가 걸음마를 하게 되면 엄마는 아이의 사회성을 길러 주어야 한다는 생각에서 또래 아이들과 어울릴 수 있는 기회를 자주 만들어 준다. 그러면서 주변 엄마들과도 교류를 시작한다. 그러나 잘못하면 아이의 사회성을 길러 주려다 상처를 주고, 폭력을 먼저 배우게 할 수도 있다.

다른 아이와 어울려 놀 수 있는 기회를 만들어 준다고 해도 아이는 친구와 협동하면서 노는 것을 배우는 게 아니다. 어떤 아이들은 할퀴거나 물고, 다른 아이들을 때리기도 한다. 이런 상황에서 맞는 아이는 불안하고 산만해진다. 처음에는 폭력을 몰랐던 아이가 자꾸 맞다 보면 때리는 것도 배울 수 있다.

아이들은 크게 다음의 네 단계를 거치면서 친구와의 놀이를 발전시켜 나간다.

첫 번째는 혼자 노는 단계이다. 걸음마 하는 아이들에게는 다른 아이와 함께 노는 능력이 전혀 없다. 다른 아이를 쿡쿡 찌르거나 꼬집고 때리면서 마치 장난감처럼 대하는데, 이것은 전혀 같이 노는 것이 아니다.

두 번째는 병행 놀이 단계이다. 두 사람 또는 그 이상의 아이들이 같은 장소에서 놀지만 각각 제멋대로의 놀이를 하고 있는 것이다. 서로 눈을 마주치는 것 같은 사회적인 행동은 거의 없다.

세 번째는 연합 놀이 단계다. 아이들 모두가 함께 모래 놀이를 하거나 블록 쌓기 같은 놀이를 하면서 대화를 하지만, 진짜 대인 관계는 아직 나타나지 않는다.

네 번째는 협동 놀이 단계이다. 이 단계가 되면 아이들은 계획을 세워서 각자의 역할을 맡는다. 소꿉장난에서 맡은 역할을 교대로 바꿀 수 있고, 누가 장난감 자동차를 먼저 타고 누가 밀 차례인가를 정하기도 한다.

제1반항기 아이들의 놀이는 두 번째 병행 놀이와 세 번째 연합 놀이의 단계이다. 협동 놀이는 36개월을 넘어가야 할 수 있다. 따라서 아직은 친구와 잘 놀 수 있는 시기가 아니므로 사회성을 길러 준다는 이유로 일부러 다른 아이와 놀게 할 필요는 없다.

이 시기에는 부모가 아이의 수준으로 내려가 함께 놀아 주는 것이 바람직하고, 다른 아이와 함께 놀 때도 싸움이 벌어질 것 같으면 적당한 시기에 놀이를 중단시켜야 한다.

그리고 이전 시기와 마찬가지로 이 시기에도 물놀이와 모래 놀이가 중요하다. 하지만 이제 아이는 소근육이 발달하여 찰흙으로 무엇을 만들거나 연필을 가지고 낙서하기, 또는 크레용이나 그림 물감을 가지고 그림 그리기 등을 하고 싶어한다.

아이는 찰흙이나 연필, 크레용을 주면 온 집 안에다 낙서를 하거나 집 안을 어지럽히는 일이 다반사다. 그러나 이런 활동으로 인해 아이는 말로 나타내지 못하는 감정을 표현하고 있다. 정서적 안정감을 키우고 사고력이나 판단력, 창의력을 키워 나가는 것이다.

한 예로 둘째 초록이는 이쑤시개와 스카치 테이프를 정말 잘 사용했다. 이쑤시개 한 통을 10분이면 다 써 버렸고, 테이프를 가지고 뭐든지 붙이면서 집 안을 난장판으로 만들었다.

깔끔한 것을 좋아하는 푸름이 엄마는 내심 초록이가 집 안을 어지럽히는 것이 참기 힘들었을 테지만, 무엇을 하든 간에 군말 없이 스스로 할 수 있는 기회를 주었다. 어느 날 보니 초록이는 이쑤시개를 가지고 훌륭한 거북선을 만들어 놓았다. 스티로폼에 이쑤시개를 촘촘히 박아 만든 거북선은 정말 멋지고 그럴듯하게 보였다.

우리 부부는 아이들이 마음껏 그림을 그릴 수 있도록 종이와 연필, 크레용 등을 풍부하게 주었다. 아이가 단 한 줄을 그리고 넘어가도 아까워하지 않았다. 무엇을 그리든 확인하지 않았고, 그저 한 줄 한 줄 그린 것을 칭찬했을 뿐이었다.

그림 그리기는 아이들의 창의력을 길러 준다. 그러나 획일적으로 교육하다 보면 태양은 언제나 붉어야 하고, 나무는 언제나 초록일 수밖에 없다. 부모가 편견 없이 아이가 표현하는 것을 인정하고 칭찬해 주면, 아이의 창의력은 무럭무럭 자란다.

또래 친구들과 어울려야 사회성이 길러지나요?

18개월 된 남자 아이를 둔 엄마입니다. 거의 매일같이 또래 친구들과 어울리는데, 언제부턴가 그 친구들만 만나면 신경질적인 반응을 보입니다. 그 이유가 이런 것 같아요. 우리 아이는 장난감이나 책이나 오랫동안 한 가지에 집중해서 잘 놀거든요. 그런데 친구들은 그걸 가지고 놀 것도 아니면서 무조건 빼앗더군요. 빼앗기지 않으려고 하는 과정에서 맞거나 물리고 그래서 다른 장난감이나 책으로 관심을 돌려놓으면 또 빼앗깁니다. 그것이 반복되는 경우가 많습니다.

집에서 저와 단둘이 있을 때는 꽤 긴 분량의 책도 끝까지 읽을 때까지 책에서 눈을 떼지 않아요. 장난감도 한 가지만 가지고 아주 오랫동안 놉니다. 자기가 하고 싶은 행동을 방해받아서인지, 아니면 맞아서인지 그 친구들이 곁에만 와도 밀치며 짜증을 부립니다. 그래서 제가 곁에 있으면서 장난감을 빼앗기지 않게 지켜 주기도 합니다.

그런데 다른 엄마들은 제 행동이 아이를 너무 엄마에게 의존하게 만든다고 하네요. 커서도 소극적이고 내성적이 된다고 합니다. 저희 남편은 출장이 잦은 관계로 아이와 별로 얼굴을 마주칠 시간이 없습니다. 우리 아이는 자기보다 조금 위인 형이나 누나들하고는 너무 잘 놉니다. 문제가 약간 있더라도 또래 친구들과 부딪치며 놀게 해야 좋은지, 형이나 누나들과 지내게 해야 좋은지 모르겠어요.

[ID 지민아]

사회에 널리 퍼져 있는 육아 이론 중 하나가 어린아이는 어린아이와 어울려야 사회성을 기를 수 있다는 것입니다. 그러나 어린아이끼리만 어울리면 자칫 욕과 폭력을 먼저 배울 수 있습니다. 반면 부모가 어린아이 수준으로 내려가서 놀아 주면 훌륭한 사회성을 기를 수 있다고 생각한 교육이 바로 영재 교육의 효시라 일컫는 칼 비테 교육입니다.

우리 부부도 푸름이를 키울 때 칼 비테 교육을 받아들여 아이가 상처받을 수 있는 예민한 시기는 아이들과 어울려 놀도록 하지 않았습니다. 그 시간에는 저나 푸름이 엄마와 함께 자연에 나가 놀든가, 서점이나 도서관에 가서 책을 보곤 했지요.

다른 아이들과 어울릴 기회가 많지 않아, 초등학교에 들어가면 문제가 생기지 않을까 하는 염려의 마음도 있었습니다. 그러나 오히려 욕과 폭력을 배우지 않고 남을 배려하므로 친구를 사귀거나 어울려 노는 데 별 문제가 없음을 알게 되었습니다. 아이들은 절대 푸름이가 먼저 손을 대거나 시비를 걸지 않는다는 사실을 알고 있으므로 푸름이에게 싸움을 걸지도 않았습니다.

또래와 꼭 어울려야 할 이유는 없습니다. 잘못하면 아이의 집중력을 깰 염려마저 있으니까요.

엄마가 장난감을 빼앗기지 않도록 지켜보는 것보다는 애초에 장난감을 빼앗길 수 있는 상황을 만들어 주지 마세요. 어린 시절 아이들은 부정당하거나 좌절하는 경험을 겪으면 안 됩니다. 오로지 성공하는 경험만 가져야 나중에 자신이 존중받고 성장했다는 경험 때문에 실패해도 다시 일어설 수 있는 든든한 힘을 쌓게 됩니다. 특히 제1 반항기는 자신의 소유와 경계를 배우는 시기인데, 다른 아이들이 경계를 넘어오면 상처받게 됩니다.

형이나 누나들과 잘 어울려 논다는 것은 지적 수준이 또래보다 훨씬 높다는 것을 의미합니다. 함께 어울려 놀아도 어리다고 배척당하지 않고 놀이 수준을 같이 따라가므로 어울리는 것입니다. 만일 형과 누나들이 배척하지 않는다면 같이 놀게 해 주어도 좋답니다. 또래의 놀이보다는 훨씬 많은 것을 배울 수 있으니까요.

그렇다 해도 엄마의 배려 아래 노는 것보다는 못하다는 사실을 항상 염두에 두어야 합니다. 아이를 면밀하게 관찰하셨습니다. 계속 주의하면서 옳고 그른 것을 섬세하게 분별하면서 키우면 아이는 잘 성장할 것입니다.

아이는 상상으로 지어낸
이야기를 좋아한다

언어가 한창 발달하는 이 시기에 재미있게 할 수 있는 놀이로는 아이가 알고 있는 동물이나 식물, 자동차 같은 사물의 이름 대기 놀이가 있다.

푸름이와 우리 부부는 공룡 이름 대기 놀이를 무척이나 즐겼다. 처음에는 푸름이와 우리가 어느 정도 비슷하게 이름을 알고 있었지만, 푸름이가 30개월이 되면서부터는 푸름이 엄마와 내가 힘을 합쳐도 도저히 푸름이를 따라갈 수 없었다.

"티라노사우루스", "알로사우루스", "트리케라톱스" 등 내가 알고 있는 공룡 이름을 다 말했는데도 푸름이가 계속 이름을 대면, 나는 게임의 재미를 더하기 위해 무조건 사우루스만 붙여 갔다. "서울사우루스", "금촌사우루스", "부산사우루스……."

이름 대기 놀이는 자동차를 타고 여행을 갈 때나 병원에 가서 차례를 기다릴 때 재미있게 놀면서 시간을 보낼 수 있고, 아이의 언어 발달에도 도움을 준다.

이 시기는 이야기 듣는 것을 재미있어 하는 아이들에게 그림책을 많이 읽어 주는 것도 좋지만, 아이 주변에서 흔히 일어나는 일을 가지고 이야기를 꾸며서 들려주는 것도 효과적이다.

주인공을 아이로 바꾸어 실감나게 생각나는 대로 이야기하면서 놀 수 있는데, 일종의 상상 놀이라고 할 수 있다. 나는 주로 푸름이에게 '드릴 고추'와 '처음 것에 힘쓰세요', '똥 시리즈'를 많이 창작해서 들려주었다.

'드릴 고추'는 푸름이 고추를 드릴에 비유하여 만들어 낸 이야기다. 아침에 일어났더니 드릴 고추가 아파트 천장을 뚫고 나갔다나 뭐라나! 어느 날은 엎드려 잤더니 침대를 뚫고, 지각을 뚫고 나가면서 뜨거운 맨틀을 지날 때는 오줌으로 식으면서 화산이 분출됐고, 계속 힘을 주어 외핵과 내핵을 뚫고 나가더니 결국 남미의 우루과이 앞바다에 이르게 되었다는 등의 이야기이다.

이렇게 엉뚱한 이야기를 지어 들려주면서 지구의 내부 구조나 우리나라의 대척점 그리고 자연스럽게 성 교육도 시켰다.

'처음 것에 힘쓰세요'는 다음과 같은 유머스러운 이야기다.

푸름아, 옛날에 마음씨 좋은 사람과 나쁜 사람이 이웃으로 살고 있었어. 어느 날 옷이 남루한 스님이 지나가기에 마음씨 좋은 사람이 그 스님을 잘 대접해 드렸지. 그랬더니 스님이 '처음 것에 힘쓰세요.' 하면서 가시는 거야.

그 말을 듣고 마음씨 좋은 사람이 베를 짜는데 얼마나 많이 짰는지 큰 부자가 되었어. 이것을 본 마음씨 나쁜 사람도 몇 날을 기다리다가 스님이 지나가자 온화한 얼굴로 스님을 잘 대접해 주었어. 그랬더니 또 스님이 '처음 것에 힘쓰세요.' 하면서 가시는 거야.

이 마음씨 나쁜 사람은 엄청 많은 베를 짜고 싶은 욕심에 중간에 화장실에도 가면 안 될 것 같아서 먼저 똥을 누러 갔어. 그랬더니, 하루 종일 똥이 너무 많이 나와 화장실에만 들락거리다가 베는 하나도 못 짰대.

아이들은 누구나 똥에 관련된 이야기를 좋아한다. '똥' 이야기는 시리즈로 나올 만큼 많다. 대표적인 이야기가 이런 것이다.

옛날에 푸름이 선비가 과거를 보러 가는데 한밤중에 소복을 입은 여인을 만났지. 그런데 뒤에서 그 여인이 푸름이 선비를 부르는 거야. '선비님, 왼쪽으로 두 발', '앞으로 한 발', '오른쪽으로 세 발!' 하자 푸름이 선비는 그 여인이 하라는 대로 따라 했어. 그랬더니 '선비님, 똥 밟았어요!' 하는 거야.

푸름이가 웃으면서 자기는 아니라고 주장하면, 내가 선비가 되거나 주변에 알고 있는 사람의 이름을 붙여 상상으로 이야기를 하면 그만이었다.

푸름이는 그때 하던 엉뚱한 이야기를 연장시켜 조금 더 자라자 상상으로 도시를 건설하고, 새로운 화폐 체계를 만들며 놀곤 했다. 도시의 목욕탕에 다이빙대를 설치했더니 손님이 많이 들어온다며 푸름이가 즐거워하는 모습을 보면서 게임 시나리오를 만들고 있다는 느낌마저 들었다.

상상 놀이가 너무 심한 건 아닐까요?

이제 35개월 된 여자 아이예요. 지금까지 천 권이 넘는 책을 보았습니다. 노래하고 춤추고 그림을 그리면서 하루를 보내고, 늘 책 이야기를 종알거리며 상상 놀이를 합니다.

그런데 요즘 아이의 상상력이 너무 지나친 것 같습니다. 온 방에 책을 가득 펴 놓고 책 속의 친구들과 얘기하고 노래하며 놉니다. 혹 제가 밟기라도 하면 친구를 아프게 했다며 사과하라는 둥 책 속 친구의 눈물을 닦아 주는 둥 요란스럽습니다. 책을 보다가 뱀이 쥐를 잡아먹고, 거미가 나비를 사냥하고, 사자가 얼룩말을 사냥하는 것을 보면 "오, 안 돼. 그러면 안 돼!" 하며 한참을 울기도 합니다. 너무 오랫동안 상상 놀이 속에 빠져 있는 건 아닌지 조심스럽네요.

[ID 미소사랑]

《폭풍의 언덕》을 쓴 에밀리 브론테는 **황량한 벽지의 목사관에서** 성장하는 동안 자매들과 끝없는 상상의 나래를 펼치며 상상 놀이를 하고 놀았습니다. 그것이 인류의 역사에 빛나는 문학 작품을 남기는 원동력이 되었다고 합니다.

푸름이 엄마는 '육아 메시지'라는 글에서 '아이의 뛰어난 상상력을 냉혹한 현실에 일찍 길들이지 마세요.'라고 호소하고 있습니다.

푸름이는 중학생이 되어서도 상상으로 도시를 건설하고, 동생과 상상 놀이를 즐겼습니다. 옆에서 어른들이 볼 때는 참 웃기지만, 이 상상의 나래는 아이에게 새로운 것을 만들어 낼 수 있는 큰 힘을 주지요.

발달이 빠르고 좋은 아이들 중에는 상상 놀이에 빠져 잠자는 동안에도 상상 놀이에 몰입하는 아이들이 많습니다.

그러나 상상 놀이가 아이에게 나쁜 영향을 미친다는 증거를 본 적이 없습니다. 오히려 최근의 연구에서는 뛰어난 인물들은 어릴 때 공통으로 상상 놀이를 했다고 합니다. 부모가 아이의 상상 놀이를 걱정하는 것은 아직 아이가 어떻게 성장해 나가는지 잘 몰라서 그러는 것입니다.

아이가 책을 보면서 잡아먹히는 동물을 불쌍하게 여기는 것은 따스한 마음을 가지고 있다는 증거입니다. 다른 사람의 입장을 헤아릴 수 있을 만큼 아이는 성장했습니다.

이렇게 성장하는 아이들은 사교성이 뛰어나 사람도 잘 사귀고, 조금 지나면 자연의 이치도 받아들입니다. 아이의 마음에 공감해 주면서 계속 진행하세요. 아이는 뛰어난 상상력을 가지고 있고, 감정을 이입할 수 있는 능력도 아주 탁월합니다.

아이가 놀다가 엄마의 사랑을 확인하고 싶어하면 엄마는 언제나 변함없는 사랑을 표현해 주기만 하면 됩니다. 아이는 잘 성장하고 있으며 영재일 가능성이 무척 높습니다.

하늘을 날고 싶어해요

30개월 된 우리 첫째 딸아이는 책에 대한 집중력이 매우 대단합니다. 책 읽어 줄 때 둘째가 옆에서 책장을 넘기고 방해해도 책에서 절대 눈을 떼지 않거든요.

요즘은 날고 싶다는 얘기를 자주 합니다. 전부터 비행기가 날아가면 눈을 떼지 못했는데, 늘 날고 싶다고 말하고 비행기도 타보고 싶다고 합니다. 스티커북 공룡 붙일 때도 하늘에다 붙이면서 "날아가! 날아가!" 합니다. 날고 싶어하는 아이에게 어떤 경험을 하게 해 줘야 할까요?

[ID 12]

첫째의 집중력과 상상력이 아주 힘차게 발전하고 있습니다. 아이는 상상의 힘을 통해 모든 사물이 날 수 있다고 믿고 있고, 그런 것을 공룡에도 적용시키고 있습니다. 이런 사고를 물활론적 사고라 하는데, 모든 사물이 살아 움직일 수 있다고 믿는 것입니다.

이 시기에 아이들이 그런 생각을 하는 것은 지극히 당연합니다. 아이의 행동으로 보아 부모에게 많이 사랑받고 부정당하지 않았다고 보여지네요. 부정당한 아이들은 마음껏 그런 상상을 하지 못한답니다.

아이가 상상의 세계에 빠져 있으면 엄마는 그것을 인정하고, 아이가 질문할 때 친절하게 대답해 주면 됩니다. 엄마가 반응해 주는 것만큼 좋은 교육은 없답니다.

비행기를 보고 날고 싶다고 하면 비행기 관련 그림책들이나 날아가는 원리가 그림으로 그려진 책들을 찾아 보여 주세요.

첫째의 발달은 무척이나 빠릅니다. 둘째와 부딪친다면 첫째에게 한글을 가르쳐 빨리 독립시키세요. 스스로 책을 볼 수 있다면 그때는 엄마의 손길이 훨씬 덜 가고 배우는 속도도 빨라집니다.

첫째가 스스로 책을 보면 그때는 둘째에게 모든 노력을 기울일 수 있어 교육이 쉬워집니다. 또한 첫째가 둘째에게 영향을 미치므로 둘째는 저절로 자라게 됩니다.

지금쯤 첫째가 한글을 배우면 스스로 책을 보면서 지식을 습득할 수 있으므로, 엄마가 읽어 주는 것보다 훨씬 빠르게 흡수할 수 있습니다. 또한 이것이 훗날의 발달에 많은 영향을 미치면서 교육이 점점 쉬워지고 풍부해질 것입니다.

아이의 눈빛을 보면서 일관성 있게 일분 일초 최선을 다해 부모로서의 역할을 다하시기 바랍니다. 그 과정이 누적되면서 풍요로운 교육의 결과를 만들게 될 겁니다.

억지로 먹이려고 하거나
혼자 재울 필요는 없다

제1반항기에 일어나는 발육상의 변화 가운데 중요한 것 중 하나가 바로 식사 문제이다. 어떤 엄마는 배려와 사랑으로 키워 왔는데 아이의 몸이 비쩍 말라 먹는 문제만큼은 양보하지 못하겠다며 억지로 먹을 것을 강요해서 아이와의 관계가 무척 나빠진 것을 보았다. 먹는 문제로 시작된 갈등이 모든 것으로 확대되면서 아이와 엄마의 신뢰가 무너진 것이다.

부모가 볼 때는 아이가 너무 조금 먹는 것처럼 보이겠지만, 아이는 그날그날의 에너지를 공급할 양은 먹고 있다. 그러므로 균형 잡힌 식사를 만들어 주고 난 다음에는 아이의 의사에 맡기는 것이 좋다. 아이에게 밥을 전부 먹으라든가, 밥을 다 먹기 전에는 후식을 주지 않겠다는 강요의 말을 해서는 안 된다.

사실 우리의 고민 중 하나도 먹는 문제였다. 아직 어린 푸름이가 께적께적 먹으며 밤새워 책을 읽으니 내심 걱정이 컸다. 그러나 우리는 억지로 먹여 본 적이 없다. 배고프면 먹겠지 하는 마음으로 느긋하게 아이를 키웠더니, 초등학교 4학년을 넘어가면서는 오히려 그만 좀 먹었으면 좋겠다는 생각이 들 정도로 가리는 것없이 잘 먹었다. 먹을 것을 차려 주지 않으면 스스로 요리를 해서 자기가 차려 먹는 것을 보니 괜한 기우였다는 생각이 들었다.

자는 것 역시 이 시기 아이들에게 중요한 문제이다. 이 때는 상상력이 발전하면서 공포감을 느끼는 시기다. 따라서 어둠을 무서워해 혼자 자려고 하지 않는다.

아이가 무서워서 혼자 자려고 하지 않을 때는 굳이 어두운 방에서 혼자 재울 필요가 없다. 방에 조그만 불을 켜 주어도 되고, 부모가 함께 데리고 자도 독립심이 발달하는 데 전혀 지장이 없다. 오히려 사랑받고 있음을 느끼므로 빨리 독립하게 된다.

아이의 발달이 빠르고 섬세할수록 공포감을 느끼는 정도가 심하다. 어느 집이건 가족 중에 공포감을 조성하는 사람이 있다. 이야기를 해 줘도 꼭 "화장실 변기에서 손이 쑥 올라왔다!"느니 "으흐흐, 나는 삼촌이 아니라 도깨비다!" 하면서 공포감을 조성해 아이를 화장실에도 못 가게 만든다.

이럴 때는 부모가 단호하게 "삼촌, 그런 이야기하면 안 돼요!" 하면서 아이에게 공포 분위기를 주지 않도록 조심시켜야 한다.

어떤 사람은 어릴 때 '조스' 영화를 보고 너무 놀란 나머지 커서도 상어를 생각하면 공포감이 몰려와 머리를 감을 때도 수도꼭지 속에서 상어가 튀어나오지 않을까 걱정을 했다. 그래서 TV에서 바다가 나오는 장면조차 잘 보지 못해 정신과 치료를 받기도 했다고 한다. 어릴 때 부모의 무지로 인해 일상에서 자연스럽게 공포 상황을 경험하도록 방치하는 것이 얼마나 아이에게 심각한 영향을 미치는지 잘 보여 주는 예다.

TV를 보다가 무서운 상황이 나오면 얼른 도망가는 아이에게 "너는 용기가 없구나. 너는 겁쟁이구나." 하면서 놀리는 것도 좋지 않다. 아이가 상상력이 너무 풍부해서 그런 행동을 보이는 것뿐이다.

푸름이가 어릴 때 하루는 문 밖으로 나가다가 두려워하며 급히 나를 부른 적이 있었다. 무엇 때문에 그렇게 놀랐을까 싶어 나가 보았더니, 장터를 알리는 애드벌룬 3개가 달빛에 둥그렇게 떠 있는 것을 보고 UFO인 줄 알고 놀라서 부른 것이었다. 그때 얼마나 놀랐는지 푸름이는 자라면서 UFO가 나오는 책을 가까이 하지 않았다. 실제로 UFO가 있다고 믿었기 때문이다.

잘 자지도 않고 먹지도 않아요

28개월 된 우리 아들은 태어나서 지금껏 밤새 제대로 자 본 적이 없습니다. 잠자는 게 아주 불규칙하고 소리에도 예민하며 불도 켜고 잡니다. 또 밥 먹이기도 참 힘듭니다. 양도 적어서 하루에 두 끼밖에 먹지 않습니다.

20개월 전후해서 서너 문장으로 말을 하기 시작하더니 조리 있게 말은 잘합니다. 좋아하는 책은 한두 줄씩 가끔 혼자 읽기도 합니다.

하지만 자지 않고 먹지 않고 늘 제 곁에만 매달립니다. 아이가 매달리니 저는 몸도 마음도 지쳐서 자꾸 아이에게 짜증과 화를 내게 됩니다. 어떻게 하면 좋을까요?

[ID 주니ᄋ똠]

아이들은 알아서 먹고 알아서 잡니다. 아이가 먹고 싶다고 할 때 먹이고, 아이가 자고 싶다고 할 때 재우세요. 그러면서 아이는 사랑받는다는 느낌을 갖게 됩니다.

우리 부부는 푸름이와 초록이에게 먹는 것과 자는 것에 대해 강요해 본 적이 없습니다. 푸름이는 정말 섬세한 아이였습니다. 하지만 잠깐 잠을 자더라도 자면 깊게 잤지요. 에너지가 얼마나 넘치는지 하루 종일 활동을 하고도 밤새도록 책을 읽었습니다.

밥을 먹는 것도 깨죽대며 먹어서 푸름이를 키우면서 가장 걱정했던 것은 변비였습니다. 변비 때문에 화장실을 가려 하지 않았기에 관장을 시킨 후 업고 있다가 제 등에다 똥을 싼 적도 있었습니다.

엄마는 아이를 키울 때 밥을 잘 먹지 않는 것과 잠을 잘 자지 않는 것 때문에 걱정을 많이 하지만, 시간이 지나고 나면 괜한 걱정이었다는 것을 알게 될 것입니다.

초등학교 시절 푸름이는 하루에 여섯 끼를 먹을 정도로 잘 먹었습니다.

잠도 자고 싶을 때 자도록 놔 두었는데, 학교에 들어가고 나서는 시간을 스스로 조절하며 사용하더군요.

아이의 섬세함은 충분한 사랑을 받았을 때 낙천적인 성격으로 변합니다. 저는 그것을 경험으로 알고 있지요.

엄마가 자는 것과 먹는 것에 질려 있으면 아이는 더욱 엄마를 힘들게 합니다. 아이는 자기가 필요한 만큼 먹고, 자고 싶은 만큼 잡니다. 그냥 그대로 하게 해주세요. 엄마가 마음을 비우고 아이를 있는 그대로 인정하면, 아이는 놀랄 만큼 변할 겁니다.

아이가 엄마 곁에 매달리는 것은 아직 완전하게 엄마가 아이를 믿지 않았기 때문입니다. 엄마가 더 깊게 사랑해 주면 아이는 자신이 사랑받을 만한 존재라는 사실을 깨닫게 되고, 그 순간부터 주변에 대한 탐색을 활발하게 할 것입니다. 그때가 되면 교육은 너무나 쉬워집니다. 힘내어 분발하시기 바랍니다.

아빠는 온몸으로 아이의
다이내믹한 힘을 길러 준다

아빠는 온몸으로 아이를 가르치고, 엄마는 말로 가르친다. 아빠가 교육에 참여하지 않으면 엄마가 몸으로 가르치는 것까지 해야 하므로 말로 가르치는 한 부분을 잃어버리게 된다.

아빠가 아이와 노는 것을 지켜보면, 온몸으로 떠들썩하게 아이와 부딪친다. 아이는 아빠와 놀면서 육체의 한계를 시험하고, 새로운 것에 주저함 없이 도전하는 것을 배운다.

아빠가 아이에게 줄 수 있는 가장 의미 있는 선물은 아빠 자신이다. 아빠가 의무적으로 아이와 놀면, 아이는 아빠가 진심으로 즐기고 있지 않다는 것을 감지한다. 아빠는 아이와 무엇을 하든 간에 진심으로 즐겨야 한다.

아빠가 공부를 통해 아이의 발달을 이해하면 할수록 아이의 성장에 기여하는 자신의 역할을 분명하게 깨닫기 때문에 삶은 그만큼 즐겁고 행복해진다.

특히 제1반항기의 아이는 구속에 대한 활발한 저항, 명랑하고 감각적인 생활 방법, 성급하게 만족을 바라는 마음, 스스로 체험한 세계에 대한 절대적인 관심 등 그 성격이나 생활이 정말 다이내믹하다. 그리고 자신을 진짜 인간으로 만드는 모든 활동들을 다이내믹한 생활 속에서 얻으려고 한다. 아이에게 다이내믹한 힘이 없다면 앉거나, 기어다니거나, 걸어다니거나, 말을 배울 수조차 없다.

아이가 가지고 있는 다이내믹한 소질은 매우 중요한 정신적 자원이다. 이러한 다이내믹함을 엄마 혼자 감당하기에는 신체적으로 너무 버거우므로 아빠의 역할이 중요하다.

아빠가 놀이나 배변 훈련에 참여하고, 함께 책을 읽고 대화를 나누거나, 산책을 하면서 자연을 가르쳐 주거나, 수영장에 가서 물놀이를 하거나, 박물관에 함께 가는 등 아이와 함께 활동함으로써 다이내믹한 생활력을 아이의 중요한 정신적 자산으로 키워 나갈 수 있도록 도와주어야 한다.

제1반항기를 맞는 아이에게는 부모가 먼저 아이의 다이내믹한 소질에 경의를 표해야 한다. 그리고 그것에 맞게 규칙을 적게 만들고, 부모가 그에 적합한 역할을 하면, 아이의 자화상에는 참된 자아의식이라는 렌즈가 추가된다.

아빠를 찾으며 징징대요

24개월 된 남자 아이입니다. 항상 바쁘던 아빠가 요즘은 일찍 들어와서 아이와 재미있게 놀아 주기 때문에 흐뭇하고 행복하기 그지없습니다. 문제는 아이가 아침에 일어나 눈뜨자마자 아빠부터 찾는데 아빠가 출근하고 없으면 엄청 울어 대는 겁니다. 그렇게 아침마다 울면서 징징거리다가 밥 먹고 노는 중에 '아빠'라는 단어만 튀어 나와도 다시 아빠를 찾으면서 대성통곡합니다.

그런데 저녁 때 아빠가 퇴근하면 좋아하긴 하지만, 낮에 그렇게 울어 대던 것에 비해 데면데면합니다. 언제 그랬냐는 듯이 말이에요. 또 졸릴 때는 저만 찾고, 아빠가 오면 저쪽으로 가라고 밀기도 합니다. 아이에게 무슨 문제가 있는 걸까요?

[ID 돌이켜보면]

아빠는 참 좋으시겠네요. 이렇게 집에서 애타게 기다리는 아들이 있다는 사실만으로도 힘내서 일할 수 있을 테니까요.

아직 아이의 기본적인 애착은 엄마에게 있습니다. 그래서 졸릴 때는 엄마를 찾고 아빠를 멀리하는 것입니다. 하지만 이것은 발달에 있어 아주 자연스러운 현상입니다. 여자 아이든 남자 아이든 먼저 주양육자인 엄마에게 애착을 형성하니까요.

이제 아이는 엄마에게 충분한 사랑을 받아 엄마로부터 어느 정도 떨어져도 괜찮은 상태가 되었습니다. 그리고 아빠가 아이의 마음에 들어온 것입니다. 특히 남자 아이에게 아빠의 존재는 매우 중요합니다. 아빠는 엄마와 달리 몸으로 다이내믹하게 놀아 주면서 아이에게 좀 더 격렬한 흥분을 불러일으키기 때문이지요.

어쨌든 아빠가 좋아졌지만 아빠가 항상 그 자리에 있는 게 아니므로 보이지 않으면 찾는 것입니다. 재미있게 놀면서 아빠와의 좋은 경험을 많이 만들어 놓았으니까요.

아이가 아빠를 찾을 때는 엄마가 다소 힘들겠지만, 이후 아이가 아빠를 자연스럽게 동일시의 대상으로 정하고 아빠를 닮으려 하면서 순조롭게 발달해 나가므로 걱정할 필요는 없습니다.

아이가 아빠를 찾아 울면 최선을 다해 달래 주시고 아빠가 직장에 나가는 이유를 차근차근 설명해 주세요. 아이가 알아듣는다는 전제하에 설명해 주면, 아이는 곧 이해하게 될 것입니다. 아이에게 아직 시간 관념은 부족하지만, 아빠가 일을 하고 저녁에는 반드시 돌아온다는 사실을 알면 울음도 차차 그치게 될 것입니다.

고민할 것 없습니다. 아빠가 아이와 그렇게 놀아 주는 것은 아주 바람직한 일입니다. 조금 지나면 조용하게 아빠를 기다릴 만큼 아이는 충분히 성장할 겁니다.

5장

●

취학 전 시기(36~72개월)

취학 전 시기인 36~72개월까지는 아이마다

각각 다른 발달 단계와 심리적 차이는 있지만,

크게는 동일시를 통해 사회화를 준비하고

확고한 자아를 확립해야 한다.

더불어 전 생애에 걸쳐 갖게 될 학습의 기본 기술과

그에 대한 태도를 형성해야 한다.

취학 전 시기

| 12개월 | 18개월 | 36개월 | 48개월 | 60개월 | 72개월 |
| 의존기 | 걸음마 시기 | 제1 반항기 | 황금기 | 무법자 시기 | 균형기 |

취학 전 시기

●● 과도기인 제1반항기를 지나 곧 균형의 시기인 황금기(36~48개월)가 도래하고, 불균형 시기인 무법자 시기(48~60개월)를 거쳐 다시 균형기(60~72개월)에 도달하는 시기까지의 3년을 취학 전 시기라 한다.

이 시기에는 아이들이 한 번에 한 가지 발달 과업만 성취하는 것이 아니다. 아이들이 배우고 익혀야 하는 것의 종류가 여러 가지로 아주 다양해진다.

아이들은 충동을 억제하는 훈련을 하고, 자기 감정을 표현하는 방법을 배운다. 엄마로부터 서서히 독립을 준비하며, 친구들과 주고받는 관계도 가진다. 또 남자와 여자라는 성별 의식이 나타나며, 성에 대한 기본적인 태도가 완성된다.

이와 더불어 부모는 될 수 있으면 다양한 지적 자극을 많이 주어 아이의 지적 발달을 촉진해 주어야 한다.

　부모가 이런 발달 과제를 충실히 수행하면 아이의 자화상에는 확고한 자아 개념과 인격 구조가 구체적인 형태를 띠며 나타나기 시작한다.

균형과 불균형이 순환되는 취학 전 시기

1. 황금기(36~48개월)

 부모를 기쁘게 해주기 위해 고집을 버리는 시기

아이의 황금기는 먼저 부모에게 무언가 허락을 구하는 말로부터 시작된다.

"엄마, 이거 해도 돼요?"

제1반항기에는 무엇이든지 하고 싶은 대로 했던 아이가 부모의 허락을 요구하는 것은 제1반항기가 끝나고 황금기에 접어들었음을 알리는 징조이다.

모든 일을 틀에 박힌 방법에 따라 하려고 고집을 피우던 이전 시기와는 달리 아이는 자기 자신이나 주위 사람들과 균형을 이루며 좀 더 유연하게 협조한다. 화를 내는 일도 없어지고, 부모와 나이 많은 사람의 동의를 얻고 싶어하며, 다른 사람들을 기쁘고 즐겁게 해 주고 싶어한다.

그리고 서로 나누어 갖는다거나 기다리는 능력도 발전하고 참을성 있게 일을 해 나가려 한다.

운동 신경과 근육이 발달함에 따라, 혼자서 옷을 입거나 신발끈을 매려 하거나 불록 등을 이용해 장난감 집짓기를 하는 데도 적극적으로 임하게 된다.

언어 능력이 발달하여 다른 사람의 말을 잘 이해할 수 있게 되고, 새로운 말을 매우 좋아하게 된다. 그로 인해 상상이나 공상을 잘하며 상상의 친구나 동물을 만들어 내기도 한다.

이때는 아이가 상상의 친구를 만들어서 중얼거리고 다녀도 전혀 걱정할 필요가 없다. 아이는 자신의 삶이 너무 즐거워 그 삶을 이야기해 줄 상상의 친구를 만들고 있는 것이다. 이런 능력은 훗날 뛰어난 사회성을 갖게 하는 데 도움이 된다. 아이는 상상을 통해 친구를 사귀는 훈련을 하고 있는 것이다.

이 시기는 그야말로 부모와 아이 모두가 즐거운 '황금의 시기'이다. 아이는 자신과 자신이 사는 세계에 아주 만족하며 부모를 사랑하고 있고, 부모는 이 즐거운 시기를 잘 활용하여 아이에 대한 사랑과 기쁨을 축적해 두어야 한다. 그 다음에는 다시 힘든 불균형의 시기가 오기 때문이다.

2. 무법자 시기(48~60개월)

미운 다섯 살이라 불리는 불안정한 시기

이 시기는 제1반항기와 마찬가지로 불균형, 불안정, 부조화를 특징으로 하지만 제1반항기처럼 격렬하지는 않다. 눈을 깜빡이거나, 손톱을 물어뜯거나, 콧구멍을 후비거나, 성기를 만지작거리거나, 엄지손가락을 빨면서 긴장과 스트레스를 배출할 수 있는 방법이 다양해지기 때문이다.

이 시기 아이들은 매우 사교적이다. 친구와 사이좋게 지내지는 못하면서도 우정을 중요하게 생각한다. 친구와 노는 것을 좋아하면서도 종종 싸움을 하거나 폭력적인 행동을 하고, 무리를 짓게 되면 그 패거리 이외의 친구들은 가까이 오지 못하게 한다. 아직은 대인 관계에 익숙하지 못하기 때문이다.

남의 명령이나 부탁, 무시, 구속을 싫어하고, 뽐내며 걸어다니면서 자랑을 하거나 "한 대 때릴 거야." 하면서 다른 아이를 위협하기도 한다.

어디서 배웠는지 욕이나 품위 없는 말도 거침없이 사용한다. 자기만 재미있고 다른 사람은 재미가 하나도 없는 이야기, 특히 똥이나 방귀 이야기를 혼자서 지어내고 하루 종일 재잘거린다. 손님이 오면 일부런 그런 이야기를 해서 부모를 깜짝 놀라게 하거나 난처하게 만들기도 한다.

"엄마, 나 점심 때 뭐 먹었는지 알아?"

"길고 굵은 똥이야! 우엑!"

자기의 농담이 우스운지 혼자서 낄낄거리고 웃는 일도 많다. 현명한 부모라면 아이가 이런 이야기를 할 때 당황하거나 같이 떠들어 댄다든가 해서 품위 없는 말의 사용을 부추기지 말아야 한다. "그래, 맛있겠구나." 하고 무시해 버리면 아이의 품위 없는 말들은 점점 사라지게 된다.

이 시기의 두드러진 특징 중 하나는 상상력이 힘차게 솟아오른 다는 점이다. 상상력이 너무 풍부해져 아이가 가끔가다 엉뚱한 이야기를 할 때도 있다. "집에서 큰 괴물을 보았어."와 같이 부모가 보기에는 뻔한 거짓말을 하기도 한다. 하지만 아이는 상상력 때문에 어떤 것이 사실이고 어떤 것이 조작된 일인지 구별하지 못할 뿐이다. 그래서 진지한 얼굴로 과장되게 이야기하는 것이므로, 거짓말을 한다고 야단쳐서는 안 된다.

무법자 시기의 아이들은 아직 분명한 소유 관념이 없다. 자기가 본 것은 자기 것이라는 생각을 가지고 있다. 그래서 친구 집에 놀러갔다가 친구의 장난감을 아주 당연히 주머니에 넣어 오고는 한다.

부모가 볼 때는 너무 천연덕스럽게 도둑질을 하는 것 같아서 소스라치게 놀랄 일이지만, 놀랄 일도 흥분할 일도 아니다. 아이는 자기가 가지고 놀았기 때문에 자기 것이고, 너무도 당연하게 자기 주머니에 넣어 온 것이다. 좀 더 시간이 지나 자기 것과 남의 것을 분별할 능력이 되면 자연스럽게 그런 행동은 하지 않게 된다.

무법자 시기의 아이는 지칠 줄 모르는 행동파이기도 해서, 높은 곳을 기어오르거나 온 집 안을 힘차게 뛰어다니며 문을 쾅쾅 닫기도 한다. 재미있는 말이나 리듬감 있는 말 만들기를 매우 좋아하고, 유머나 과장된 이야기, 넌센스를 좋아한다. 따라서 끝말 잇기나 엉뚱한 생각 놀이 등을 통해 언어 발달을 촉진시켜 주면 효과적이다.

아이와 자동차를 타고 갈 때 끝말 잇기를 하면 지루하지 않고 한두 시간은 재미있게 갈 수 있다. 엉뚱한 생각 놀이는 그야말로 엉뚱한 생각을 이야기하는 놀이다. 자동차가 물속에서 달리면 어떨까, 하늘이 반쪽이 나면 천사가 떨어질까 등등, 아무거나 아이들이 생각한 것을 받아주면 된다.

이때 아무리 엉뚱하다고 생각되어도 아이의 말을 비판하거나 "거짓말이야.", "설마 그런 일이 일어나겠니."라고 해서는 안 된다. 이것은 과학적으로 옳고 그른 것을 따지는 게 아니라, 그저 상상을 통해서 재미있는 아이디어를 내는 것 자체를 칭찬하고 격려해 주는 놀이다. 부모가 동참하면 그야말로 무궁무진하게 이야기를 전개시킬 수 있고, 이런 놀이를 통해 아이의 창의적인 발상뿐만 아니라 상상력을 키울 수도 있다.

또한 이 시기는 전능한 자아가 발달하기에 무엇이든 자신이 이기려고 한다. 가위바위보를 할 때도 부모에게 가위를 내게 하고 자신은 바위를 내면서 이긴다. 엘리베이터 버튼을 엄마가 누르면 자신이 눌러야 한다고 뒤집어진다. 이때는 아이가 아슬아슬하게 이기게 해주는 것이 교육이다. 이겨본 아이들은 지는 것을 받아들이며 유능한 자아를 발달시켜 간다.

3. 균형기(60~72개월)
모든 면에서 균형을 이루는 안정기

균형기는 모든 면에서 균형을 이루는 시기다. 무법자 시기를 지나면 아이는 귀엽고 믿음직한 시기에 접어들면서 신뢰와 안정을 보이고 부모에게 순응한다. 또한 자기에 대한 확신이 생겨 온순해지고 우호적이며, 다른 사람들과의 관계도 잘 이끌어 간다.

이전 시기에 어디로 가야 할지 몰랐던 아이는 이제 전체적인 것을 조망할 수 있는 능력을 갖게 된다.

예를 들어 그림을 그릴 때 무법자 시기의 아이에게 "무엇을 그리고 있니?" 하고 물어보면 아이는 "몰라, 아직 그리고 있으니까." 하면서, 거북을 그리다가 나중에는 제 마음 가는 대로 공룡이나 트럭으로 방향을 바꾼다. 그러던 아이가 이제는 처음부터 거북을 그리고, 그 그림을 끝까지 완성하고 싶어한다.

또한 이때는 아이가 현실적으로 판단하기 시작한다. 해야 할 일과 하지 말아야 할 일을 구별하기 시작하고, 무언가를 할 때 다른 사람의 동의를 구하므로 주위 사람과 충돌이 일어나지 않으며, 모든 면에서 균형과 조화를 이룬다. 신체적으로도 균형이 잡혀서 근육을 마음대로 움직일 수 있고, 정서적으로도 안정되며, 지적인 면에서도 호기심이 왕성하고 배우고 싶어하는 열의도 가득하다.

이 시기 아이들이 가장 좋아하는 것은 물론 '노는 것'이다. 그래서 부모는 아이가 마음껏 놀 수 있는 환경을 만들어 주면서, 서서히 사회에 적응할 수 있는 능력을 키워 주어야 한다.

아직은 아이에게 있어서 엄마가 세계의 중심이고, 엄마 옆에 있는 것이 좋으며, 엄마를 위해 무엇을 한다든가, 엄마와 함께 무엇을 하는 것을 기뻐한다. 하지만 아이는 서서히 엄마와 가정에서 벗어나 친구를 사귀고 사회 체험을 하고 싶어하며 더 넓은 세상으로 나아가고자 할 것이다.

취학 전 시기인 36~72개월까지는 각각 다른 발달 단계와 심리적 차이는 있지만, 크게는 동일시를 통해 사회화를 준비하고 확고한 자아를 확립해야 한다. 더불어 전 생애에 걸쳐 갖게 될 학습의 기본 기술과 그에 대한 태도를 형성해야 한다.

너무 잘 챙겨 걱정이에요

37개월 된 남자 아이인데 사람들에게 먹을 것을 너무 잘 챙겨 줍니다. 뭐든지 먹을 때마다 우리 부부에게 먼저 주고 자기도 먹거든요. 자기가 좋아하는 막대사탕을 혼자 먹게 되면 엄마, 아빠도 사 주고 싶다고 해요. 그러면 정말 가게에 가서 사야 할 정도랍니다.

우리뿐만 아니라 자기가 좋아하는 친구나 누나, 동생에게도 그렇습니다. 상대가 잘 받아 먹으면 괜찮은데 거부당하면 기분이 몹시 상하나 봐요. 울먹이기까지 하니까요. 처음에는 대견하다 생각했는데, 이제는 정도가 너무 심한 건 아닌지 걱정됩니다.

[ID 크리센트]

따뜻한 마음을 가진 아드님을 두셨네요. 부모가 자녀를 배려했기에 아이는 부모에게 배려 깊은 사랑을 돌려주고 있는 것입니다. 아이가 먹고 싶은 것을 참고 좋아하는 사람에게 준다는 것은 결코 쉬운 일이 아닙니다.

부모의 배려 깊은 사랑은 아이의 분별력을 높이고 도덕적, 사회적 판단을 가능하게 합니다. 어릴 때 푸름이는 꼭 학교의 도덕 선생님 같은 면이 있었습니다. 다른 아이들이 위험한 행동을 하면 하지 못하게 앞으로 나서서 막을 정도였으니까요.

또 기차를 타고 가다 푸름이 엄마가 큰 소리로 웃기라도 하면 "엄마, 주위를 한번 둘러보세요. 엄마처럼 누가 큰 소리로 웃고 있어요?" 하면서 어른보다 먼저 사회적 규범을 지킬 것을 요구했습니다. 누가 그렇게 하라고 시킨 것도 아닌데, 이미 해야 할 행동과 하지 말아야 할 행동을 구별하고 있었던 것이지요.

아이의 선한 행동이 모든 경우로 확대되어 걱정하시는 것 같은데, 제가 보기에는 걱정할 이유가 전혀 없습니다. 먹을 것을 주었을 때 잘 받아먹는 경우와 그렇지 못한 경우에 거부당하면서 아이는 점점 개별적인 사례, 즉 어느 경우에는 주어도 되고 어느 경우에는 주어서는 안 된다는 사실을 점차 깨달아 나가게 됩니다.

따라서 아이의 선의를 칭찬해 주되, 다른 사람이 먹고 싶지 않을 때도 있다는 사실을 아이에게 이야기해 주세요. 특히 발달이 빠른 아이는 자신의 선의가 거부당하는 것에 낙담하고 왜 거부하는지 그 이유를 잘 모르기 때문에 대화를 충분히 해 주는 것이 중요합니다.

아이가 말이 빠르고 표현 능력이 뛰어나서 왜 다른 사람들이 싫어하는 이유를 우리 아이는 모를까 하는 마음에 부모가 먼저 낙담할 수도 있습니다. 그렇지만 발달이 아무리 빨라도 아이는 아이일 뿐이라는 사실을 잊어서는 안 됩니다. 사랑스런 아이입니다. 잘 키우시기 바랍니다.

제멋대로인 아이를 어떻게 해야 하나요?

일곱 살 된 남자 아이입니다. 맞벌이하는 관계로 두 살 때부터 어린이집에 보냈습니다. 아이가 얼마나 극성맞고 말을 잘 듣지 않는지 하지 말라고 해도 온갖 것을 다 망가뜨려 놓고, 모든 사람이 눈을 찡그려도 말을 듣지 않습니다. 한글을 가르치려고 해도 공부를 하면 숨을 쉴 수 없다고 합니다. 도무지 가르칠 수가 없어서 아직도 한글을 떼지 못했습니다.

반면 뛰어노는 것은 무엇이든 잘합니다. 야구 공도 잘 받아 치고 축구도 잘합니다. 자기가 원하는 대로 하지 않으면 누나랑 또 얼마나 싸우는지 아무에게도 지려고 하지 않습니다. 꾸중을 하면 씩씩거리면서 눈을 흘기고 아무리 혼내도 버릇을 고칠 수가 없네요.

이제 일곱 살이 되어 아빠가 회초리를 대니까 아빠는 무서워합니다. 다행히 책 읽어 주는 것은 좋아해서 하루 종일 읽어 주어도 전혀 질려 하지 않습니다. 대체 어떻게 가르쳐야 하나요?

[ID 은별]

아이가 부모의 말을 듣지 않는 이유는 어떤 일을 하고 싶은데 부정당했거나, 아니면 부모가 섬세하게 감지하지 못하여 아이의 욕구를 들어주지 못했기 때문입니다.

아이가 아주 어렸을 때부터 부모에 의해 배려받았다면 아이는 이미 남을 배려하는 것을 배우게 되고, 따라서 상황에 따라 조용히 있어야 하는지, 아니면 떠들어도 되는지 구별하는 능력을 획득했을 것입니다.

아이가 말을 듣지 않고, 모든 사람이 눈을 찡그려도 듣지 않는 것은 예민한 상황을 이해하고 분별할 수 있는 능력이 없는 것입니다. 야단을 쳐도 그 행동을 강화시킬 뿐, 부모가 양육 태도를 바꾸지 않는 한 쉽게 개선되지 않을 것입니다.

아이의 행동은 상과 벌로써 개선되는 것이 아닙니다. 수영을 할 줄 모르는 아이가 물에 빠져 허우적대는데 엄마가 "헤엄쳐 나오기만 하면 맛있는 것 사 줄게!" 하면서 상으로 유혹하거나 "너 안 나오면 엄마한테 매 맞는다!"고 협박한들 아이가 헤엄쳐 나올 수 있는 것은 아닙니다. 아이에게 수영할 수 있는 방법을 가르쳐 주어야만 본능적으로 위기 상황에서 헤엄쳐 나올 수 있는 것이지요.

지금까지는 부모님이 아이의 교육을 어린이집에만 맡겨서, 자식의 교육이 어디까지 왔는지 깊이 생각해 볼 만한 여유가 없었던 것 같습니다.

한글을 가르칠 때 아이가 숨을 쉴 수 없다고 핑계를 대는 것은, 분명히 한글을 배울 때 야단을 맞았거나 아니면 부정당했던 경험이 있었다는 증거입니다. 지금은 그럭저럭 놀면서 버티지만, 학교에 들어가면 스스로 읽지 못하기에 점점 학습 면에서 뒤떨어지게 되고, 엄마의 마음은 점점 급하게 됩니다. 그나마 다행인 것은 책을 읽어 주면 질리지 않고 하루 종일 듣는다는 것이지요. 엄마가 좀 더 신경 써서 책을 읽어 주면서 아이 스스로 책을 볼 수 있게끔 유도해 주세요.

또한 운동 신경도 뛰어나므로 잘하는 것을 더욱 격려하면서 자신감을 갖게 할 수도 있습니다. 아이의 문제라기보다 부모님의 문제가 더욱 크다는 생각이 드는군요. 자녀를 어떻게 키워야 할지, 그리고 아이의 발달이 어떻게 이루어지는지에 관해 엄마가 혼동하고 있으므로 아이는 어느 장단에 맞추어야 할지 전혀 모르는 상태입니다.

먼저 부모가 변해야 합니다. 아이가 왜 그러한 행동을 하는지 정확하게 관찰하고, 아이를 배려해 주세요. 부모가 배려하는 만큼 아이는 협조하게 되고, 집에서 배운 배려와 협조가 사회 생활에도 그대로 연장됩니다.

따스하게 감싸 주고 칭찬해 주면서 아이의 마음에 공감하고, '네가 남들에게 그렇게 대할 때 다른 사람의 마음은 어떨까?'에 대해서 이야기해 주세요. 아이가 다 알아 듣는다고 전제하고 말하면, 아이는 서서히 변하게 됩니다.

동일시를 통해
사회화를 준비해야 한다

아이는 자라는 동안 사회의 가치 기준을 내면화하고, 보편적인 행동 양식과 사고방식을 습득함으로써 사회의 일원으로서 살아가게 되는데, 이것을 흔히 사회화라 한다.

사회화는 주로 부모나 주위 사람들이 마치 자기인 양 생각돼서 그들의 감정, 태도, 행위, 가치 판단 등을 자신의 것으로 내면화시키는 동일시를 통해 이루어진다.

이 시기가 되면 남자 아이는 엄마를 자기의 아내로 삼고 싶어하고, 아빠를 라이벌 관계로 생각한다. 여자 아이는 아빠를 자기의 애인으로 여기고, 엄마를 라이벌 관계로 간주하여 엄마와 경쟁한다. 남자 아이의 경우 "엄마가 좋아." 하면서 아빠가 직장에서 돌아오면 "저리 가. 엄마는 내 거란 말이야." 하고는 무의식중에 아빠에게 적의를 드러낸다.

하지만 아빠에 대한 적의나 라이벌 의식으로 인해 아이는 불안해하기도 한다. 아빠는 자기보다 키도 크고 힘도 세기 때문에 자기를 벌주지 않을까 하는 마음도 있지만, 한편으로는 아빠의 사랑이 절대적으로 필요하기 때문이다. 이러한 모순된 감정들로 인해 악몽을 꾸는 경우도 있다.

그러나 가정 환경이 건강하고 부부의 관계가 좋으면 이내 엄마는 아빠의 아내라는 것을 깨닫는다. 그래서 아빠가 될 수 없다면 적어도 아빠와 비슷하게나마 되고 싶은 마음에 자기와 아빠를 동일시하는 과정, 즉 아빠를 본보기로 하여 여러 가지를 닮고 싶어 한다.

아빠의 영향력이 커지는 것은 엄마에 대한 환상이 깨지고 동일시가 이루어지는 72개월 이후부터 시작하여 13세 정도까지이다. 그 이후에는 선생님, 친구와 같은 주변 인물이나 가수, 배우, 소설이나 영화 속의 주인공이 동일시의 대상이 되면서 영향력이 커진다.

여자 아이에게 있어서도 최초의 애인은 엄마이다. 그러나 곧 대상은 아빠로 옮겨 간다. 남자 아이와 마찬가지로 여자 아이도 아빠에 대한 로맨스를 가슴속에 몰래 간직하거나 혹은 분명히 나타내기도 하면서 아빠의 사랑을 쟁취하려고 한다.

다만 남자 아이와 다른 점은, 남자 아이는 연인인 엄마와 언제나 함께 있을 수 있으나 여자 아이는 아빠가 직장에 다니기 때문에 아빠에 대한 로맨틱한 감정을 환상 속에서 키워야 한다는 것이다.

여자 아이가 엄마를 라이벌로 여기고 경쟁하면 스스로의 감정을 괴롭히게 된다. 엄마가 어디로 가버렸으면 좋겠다는 생각을 하면서도, 자신의 모든 것이 엄마의 애정과 뒷바라지에 의존하고 있기 때문에 그것이 얼마나 무서운지 알고 있다. 따라서 이 시기의 여자 아이들도 흔히 괴물이나 마녀에게 쫓기는 악몽을 꾸게 된다.

남자 아이가 엄마를 '축소판 연인'으로 생각할 때는, 엄마는 이미 아빠와 결혼했고, 결혼 생활에 만족하고 있으며, 나중에 자라더라도 엄마와 결혼할 수 없다는 사실을 분명하게 인식시켜 주어야 한다. 또한 커서 어른이 되면 멋진 아내를 만나게 될 것이고, 엄마와 아빠는 너를 사랑하므로 너는 여전히 엄마의 사랑스러운 아들이며, 동시에 아빠의 사랑스러운 아들이기도 하다는 사실을 말해 주어야 한다.

마찬가지로 여자 아이에게도 아빠는 이미 엄마와 행복한 결혼 생활을 하고 있으므로 커서 아빠와 결혼할 수 없다는 것을 분명하게 말해 주어야 한다. 또한 아빠의 사랑스러운 딸이며, 누구도 아빠의 애정을 그처럼 받을 수 없다는 것과 어른이 되면 멋진 남편을 찾게 될 것이라는 사실도 알려 주어야 한다.

건전한 가정에서는 자연스럽게 아이가 취학 전 3년 동안 아빠와 엄마의 관계를 깨닫게 되고, 가족 간의 삼각 관계에서 벗어나게 된다.

교육이 부부 간의 화합을 전제로 하고 있다는 것은, 자녀가 동일시를 통해 사회화되어 가는 과정 속에서 부부 관계가 결정적으로 영향을 미치기 때문이다. 부부가 애정으로 굳게 맺어져 있다면, 아이도 자신의 로맨틱한 꿈을 현실화시키는 것이 무리라는 것을 자연스럽게 이해하고 순조로운 사회화를 이루어 나갈 수 있다. 이는 부모를 더 이상 애인으로 잡아둘 수 없다는 상실을 경험하면서 고유한 자신으로 독립해 나가는 과정이다.

그러나 부부 사이에 뿌리 깊은 증오와 불화가 있다면, 아이는 자신의 감정적인 문제를 좀처럼 해결하지 못한다. 그로 인해 훗날 결혼 생활에 부정적인 영향을 미치게 된다. 예를 들어 엄마로부터 독립이 제대로 되지 못해 결혼 생활을 잘하지 못하는 남자의 경우처럼 말이다.

부부 싸움으로 아이가 상처를 받았어요

네 살 된 남자 아이가 있어요. 신혼 초부터 누구나 겪는 갈등으로 싸움을 시작했습니다. 아이가 다 느끼는 걸 알고는 있었지만, 감정을 다스린다는 게 어려웠어요. 잦은 다툼으로 얼마나 아이에게 상처를 주고 살았는지, 오죽하면 혼자 아이를 키우는 것이 낫겠다는 생각을 한 적도 있었습니다. 지금은 서로 많이 이해하고 참고 사는 편이지만, 지금껏 아이에게 준 상처는 어떻게 보상해 주어야 할지 후회돼요.

[ID 화니마미]

살다 보면 싸움도 하고, 그러면서 서로가 다름을 인정하면서, 싸움도 줄어들게 되고 뒤돌아보게 됩니다. 후회는 남기 마련이지요. 저도 푸름이를 키우면서 이렇게 해 주었으면 좋았을 걸 하는 후회와 아쉬움이 있고, 다시 아이를 낳아 키우면 잘 키우리라는 생각도 들곤 합니다. 좀 더 인내하고 상대방을 고려했다면 아이에게 보다 행복한 어린 시절이 주어졌을 겁니다. 아마 그런 싸움에 대한 후유증으로 아이는 좀 더 사랑을 갈구할 것이고, 이것이 마음껏 충족되지 않으면 고집 센 아이로 성장하는 계기가 될 수도 있습니다. 또한 조그만 일에도 상처받을 수 있고요.

지나간 것은 지나간 것입니다. 다시 되돌릴 수는 없습니다. 다만 한 가지 위안이 되는 것은 보통 아이의 적응력은 무척 강하며, 아직은 그러한 성격이 고정될 나이가 아니라는 것입니다. 앞으로 여덟 살 이전까지 어떻게 성장하느냐에 따라, 어떤 환경이 주어지느냐에 따라 충분히 상처를 치유하고 훌륭하게 성장할 여지가 남아 있다는 것입니다.

아이에게 준 상처에 대해서는 용서를 구하세요. 부부가 사랑하는 것이 모든 교육의 기초입니다. 이 사랑을 아이가 느낄 수 있도록 해 주세요. 아이에게 집중하고 배려하며 더욱 칭찬하고 스킨십을 해 주어 세상이 불안하지 않음을 느끼게 해 주면, 아이는 바르게 성장할 것입니다.

충동을 조절하여
확고한 자아를 확립하게 한다

취학 전 시기 아이들은 다른 아이를 때리거나 물건을 훔치는 등 학교에 들어가서 문제가 될 수 있는 반사회적인 행동을 하지 않도록 충동을 제어하는 법을 배워야 한다.

그러기 위해서는 부모가 먼저 행동으로 보여 주는 것이 효과적이다. 즉 아이의 마음속 이미지인 자아를 높임으로써 자신을 조절하게끔 하는 것이다. 그러나 하루 이틀에 이루어지는 일이 아니라서, 아이에게 말을 가르칠 때처럼 부모의 꾸준한 인내와 이해가 필요하다.

아이가 놀이터에서 놀다가 다른 아이에게 맞고 오면 엄마는 순간적으로 부아가 치밀어 오른다. 그래서 대뜸 "왜 매일 맞고만 들어오니! 다음부터는 너도 때려." 하며 아이에게 폭력을 가르친다. 자기 아이가 다른 애를 때리면 겉으로는 미안하다고 말은 하지만 속으로는 '저놈이 보통이 아냐. 맞는 것보다는 때리는 것이 낫지.'

하는 안도의 마음을 갖게 된다. 이것이 은연중에 아이의 폭력을 부추겨 더욱 난폭하게 된다는 것을 모르고 말이다.

학교에 들어가서 아이가 자꾸만 다른 아이를 때려 왕따를 당하고 사회 생활을 제대로 할 수 없는 상태가 되면 그제서야 엄마는 폭력을 제지해야겠다는 생각을 한다. 하지만 그때는 이미 아이의 마음속에 폭력이 깊숙이 뿌리박혀 후회의 눈물을 흘려 봐야 소용이 없다.

아이가 맞고 들어오면 "같이 때리지 그랬어."라고 가르치는 것은 옳지 않다. 때리는 아이의 손을 붙잡고 "그런 행동을 하면 안 돼!", "때리는 것은 나쁜 짓이야!"처럼 자신의 의지를 발휘하도록 가르쳐야 한다. 부모가 시범을 보이면서 가르쳐 주면 아이는 폭력 앞에서 굴하지 않는다.

또한 자기 아이가 다른 아이를 때린다면 부모는 단호하게 제지해야 한다. 분명하고 단호한 어조로 "남을 때리는 것은 나쁜 행동이야. 엄마는 때리는 행동은 절대 용서하지 못해!"라고 엄마의 의지를 일관되게 아이에게 전달해야 한다.

배려 깊은 사랑을 받은 아이들은 이미 이 시기가 되면 남들에게 폭력을 사용해서는 안 된다는 사실을 너무도 잘 알고 있다.

아이에게 다른 사람의 권리나 감정을 존중하는 것을 가르치고 싶다면, 먼저 부모가 아이의 권리나 감정을 존중해 주면 된다. 매일매일 보여 주는 부모의 행동이 곧 아이를 가르치는 역할 모델이 되는 것이다.

아이의 행동을 바꾸고 싶을 때 칭찬과 격려를 통해 자아 이미지를 바꾸는 것보다 더 강력한 무기는 없다. 무엇이든 조그만 변화를 이루어 냈을 때, 그것을 칭찬하면 아이는 더욱 큰 변화를 만들어 낸다.

그림을 그릴 때, 선 하나를 제대로 그려도 "참 잘했구나." 하고 칭찬해 주면 점점 그림이 나아진다. 글씨를 배울 때에도 아이가 쓴 글씨 중에서 제일 잘 쓴 것을 골라 어떻게 이렇게 반듯하게 잘 쓸 수 있느냐고 칭찬하면, 기러기가 날아갈 듯 비뚤비뚤한 글씨도 또박또박 바로 쓰게 된다.

어릴 때 어느 순간 누군가로부터 받은 작은 칭찬 한마디가 어른이 되어 그 분야에서 당당히 우뚝 서는 계기가 될 수도 있다는 것을 잊지 말자.

그리고 부모는 일상에서 아이의 부정적인 행위가 증가될 수 있는 상황을 만들지 않기 위해 노력해야 한다.

예를 들어 엄마가 마트에 가다 아는 사람과 만나 수다를 떨다 보면, 아이는 무엇인가 해 달라고 하는데 엄마가 아무런 대답을 하지 않는 경우가 종종 있다. 처음에는 작은 소리로 말하던 아이가 점점 큰 소리로 말하게 되고, 빽빽 고함을 지르면서 치근대고 조를 때쯤 겨우 엄마가 대답한다.

이런 상황이 반복된다면 아이는 큰 소리를 내고 졸라야 자기가 바라는 것을 손에 넣을 수 있다는 것을 배우는 셈이 된다. 조그맣게 속삭여도 부모가 듣는다는 것을 아는 아이들은 절대 목소리를 높이지 않는다.

이 시기는 죄책감도 발달하기 시작한다. 예를 들어 아빠가 교통사고를 당하면 아이와는 아무런 상관이 없는 것이다. 그러나 아이는 그렇게 생각하지 않는다. 자신이 아빠를 미워해서 교통사고를 당했다고 생각한다.

이 시기에 아이에게 해주어야 할 말은 "그것은 네 책임이 아니란다.", "네 잘못이 아니야." 라고 말해 주는 것이다. 이 말을 안 해주면 아이는 죄책감이 많은 사람으로 성장한다. 부모가 이혼을 했을 때도, 이 말을 안해 주면 아이는 순진무구하므로 자기 때문에 부모가 이혼을 했다고 믿는다. 죄책감이 많으면 마음이 평온해지기 어렵다.

친구들과 마찰이 있어요

일곱 살 남자 아이인데 친구를 좋아해요. 친구가 놀러오면 자고 가라고 할 정도로 헤어질 때 아쉬워합니다. 또 놀러가서도 조금만 더 조금만 더 하면서 집에 오기 싫어합니다. 그러면서도 놀다가 문제가 생기면 행동으로 먼저 때리거나 나쁜 말을 합니다. 참고로 이번 유치원에서 수료한 후 선생님께서 보내 주신 편지를 옮겨 봅니다.

순수하고 착한 마음씨를 가진 ○○이는 여러 친구들과 어울리고자 노력하는 모습이 많이 보입니다. 그렇지만 놀이에 참여하고 친구들과 어울리는 방법을 잘 몰라서 친구들과 마찰이 자주 생기는 편입니다. 그리고 문제 상황이 발생했을 때 대화로 문제를 해결하지 못하고 친구를 때리거나 좋지 않은 말을 합니다.
분노는 자연스러운 사람의 감정이기 때문에 아이를 나무라기보다는 화가 날 때 감정을 잘 다스리도록 옆에서 도와주어야 합니다. "뭐 그런 것을 가지고 화를 내니?", "화난다고 때리는 게 어디 있어?" 하고 화가 난 감정을 비판하기보다 "정말 기분이 나빴구나." 혹은 "그래서 화가 났었구나?" 하고 인정해 주면 머리끝까지 올라갔던 분노가 쑥 내려오는 기분을 아이가 느낄 것입니다.
유치원에서도 남은 기간 ○○이가 친구들과 보다 잘 어울리도록 노력할 것이니, 가정에서도 이런 일이 생기게 되면 일단 화를 가라앉힌 후 아이에게 왜 화가 났는지 말로 설명하게 해 주세요. 평소에도 말로 감정을 설명하는 연습을 하게 하고 분노를 표현할 때는 때리지 말고 사회에서 인정받는 방법으로 풀어 내게 해 주세요. 사랑받는다는 느낌이 많이 들게 하고, 성공하는 경험을 많이 주며 칭찬을 많이 해 주시는 것이 아이의 행동 변화에 많은 도움이 될 것입니다.
○○이는 이야기 나누기, 노래 부르기, 동화 감상, 동극, 게임 등을 좋아하며 발표력이 좋은 편이고, 인정받기 위해 노력하는 모습이 보입니

다. 자유 선택 활동 시간에는 미술, 쌓기 놀이, 몬테소리 영역에서 주로 놀이하며, 어떤 활동이든 끈기 있게 한 가지 일을 열심히 하며, 끝까지 좋은 결과를 얻기 위해 노력합니다.

정리 정돈도 매우 잘합니다. 또한 인지, 사회성, 창의성, 신체 등 모든 발달 정도가 친구들에 비해 우수한 편입니다. 유치원과 가정에서 ○○이에게 보다 사교적인 성격이 되도록 도움을 주면 초등학교 생활을 더욱 더 잘 할 수 있을 것으로 보입니다.

주위 다른 분들께 이런 말씀을 드리면 아직 일곱 살이라면서 걱정할 필요가 없다고 말씀하십니다. 자연스럽게 그런 부분은 없어질 거라 하지요. 하지만 엄마인 저는 걱정이 태산입니다. 세 살 버릇 여든까지 간다는 말도 생각나고, 과연 그냥 두어도 변화될까 하는 걱정이 앞섭니다. 다른 엄마들은 우리 아이의 책 읽기나 학습 정도를 부러워합니다. 책 읽기는 혼자 읽는 정도이고, 한글도 매우 관심 있어 합니다. 뭐든지 자기가 관심을 갖고 있으면 좋아하고 잘합니다. 그런데 저는 우리 아이 나이에 무엇보다도 친구들과의 관계가 가장 중요하다고 생각되거든요. 제가 구체적으로 아이를 어떻게 도와주어야 할까요?

[ID 철딱지맘]

유치원 선생님의 편지에 이미 답이 들어 있습니다. '가정에서도 이런 일이 생기게 되면 일단 화를 가라앉힌 후 아이에게 왜 화가 났는지 말로 설명하게 해 주세요. 평소에도 말로 감정을 설명하는 연습을 하게 하고 분노를 표현할 때는 때리지 말고 사회에서 인정받는 방법으로 풀어내게 해 주세요. 사랑받는다는 느낌이 많이 들게 하고, 성공하는 경험을 많이 주며 칭찬을 많이 해 주시는 것이 아이의 행동 변화에 많은 도움이 될 것입니다.'

지금 선생님이 하신 말씀을 그냥 실천하기만 하면 됩니다. 문제가 발생했을 때 저는 아이가 행동으로 먼저 때리거나 나쁜 말 하는 것을 어디에서 배웠는지 궁금할 때가 많습니다. 이런 행동은 아이의 자존감이 낮을 때 하는 행동입니다. 아이가 자신을 소중하게 여기고 스스로를 존중할 수 있도록 만들면 더 이상 자신의 자존감을 낮추는 행동은 하지 않게 됩니다. 그래서 선생님이 칭찬과 사랑받는 느낌 그리고 성공하는 경험을 주라고 조언한 것이지요.

항상 야단치기 전에 왜 그런 행동을 했는지 아이의 마음에 먼저 공감해 주고 이해해 주며, 말로써 모든 것을 해결했으면 좋겠다는 엄마의 바람을 이야기하세요.

또한 아이가 분노할 상황에서 말로 해결할 때 격렬한 박수와 환호로 기뻐해 주시기 바랍니다. 아이의 감정은 받아 주어야 하지만, 행동에 대해서는 꾸준하고 일관되어야 합니다. 즉 부모가 폭력과 욕을 배척하면 아이의 행동도 바뀔 겁니다. 그러나 만일 부모가 자신의 감정을 조절하지 못하면 아이의 그런 행동은 오래갈 수도 있답니다.

학습의 기본 기술과 태도를
형성하게 한다

인간의 지능, 기억, 재능, 감정과 같은 고등한 정신 기능의 중심지인 대뇌는 좌뇌와 우뇌라는 두 반구로 나뉘어져 있고, 좌뇌와 우뇌는 뇌량이라는 신경 섬유 다발로 연결되어 있다. 좌뇌는 몸의 오른쪽을 관장하면서 오른손의 사고를, 우뇌는 몸의 왼쪽을 관장하면서 왼손의 사고를 만들어 낸다.

오른손의 사고는 논리적, 분석적, 이성적 사고이다. 언어를 구사하고, 문자나 숫자를 해독하며, 문장을 쓸 수 있고, 복잡한 요소를 세분화하며 질서를 세워 이론화할 수 있다. 흔히 학교 교육에서 가르쳐 주는 사고로서 감각 교육을 통해 발전한다.

반면 왼손의 사고는 직감적, 상상적, 무의식적 사고로서 음악, 회화, 색채, 이미지, 상상과 창조, 비논리적 감성 등을 분담한다. 그림이나 음악을 감상하고, 번뜩이는 육감과 같은 직관으로 사물을 받아들이며, 대국적인 시야에서 전체적으로 파악할 때 유용하다. 과학이나 정치, 경제, 사회, 문화에서의 획기적인 사고는 주로 왼손의 사고 방식에 의해 창출되는데, 아이들의 창의력을 길러 줄 때 발달시켜 주면 좋다.

자연은 감각 교육뿐만 아니라 창의력을 길러 줄 수 있는 좋은 무대이다. 취학 전 아이에게는 될 수 있으면 넓은 범위의 살아 있는 경험을 할 수 있도록 도와주어야 하는데, 먼저 자연에 나가 많은 것을 보고, 듣고, 피부로 느끼게 해 주어야 한다.

맨발로 걸으면 모래나 돌의 감촉, 발가락을 간질이는 풀밭의 감촉을 온전히 느낄 수 있다. 손 끝에 느껴지는 떡갈나무의 꺼칠꺼칠한 껍질, 플라타너스의 매끈매끈한 줄기, 새벽 풀잎의 향기로움, 농촌 들녘에 퍼지는 퇴비 냄새, 그늘 아래 수줍게 자라는 싱아의 신맛, 오월 라일락 잎의 쓴맛, 길섶에 핀 야생초, 갈숲을 지나는 바람 소리, 조약돌에 부딪히며 흐르는 냇물 소리 등 자연의 모든 것이 아이의 감각을 깨운다.

아이에게 모래나 진흙을 가지고 놀게 하면 어떤 구조물이든 만들어 낸다. 형태가 없는 소재로부터 새로운 것을 만들어 냄으로써 아이는 창의력을 기를 수 있다. 또한 자연에서 마음껏 뛰어놀면 정서적으로 안정되면서 마음의 무의식적인 영역이 발달한다.

동물원, 식물원, 박물관 등도 좋은 교육 장소이지만, 흔히 접할 수 있는 지역 사회의 여러 장소도 교육의 대상이 될 수 있다. 농장, 시골 할머니집, 왕릉, 소방서, 경찰서, 병원, 도서관, 은행, 세탁소, 자동차 정비소, 시장, 음식점 등 아이가 흥미를 가질 수 있는 곳이라면 어디든지 좋다.

소방서에 가서 소방차를 보여 달라고 하면 쑥스러울 수도 있지만, 아이에게 다양한 것을 보여 주고 싶어 왔다고 하면 누구든지 환영할 것이다.

푸름이는 보이는 모든 것에 대해 흥미로워했다. 중국 음식점에 가면 음식을 만들 때 불이 순간순간 넘나드는 것을 지켜보느라 정신이 없었고, 할머니집에 가서는 닭을 따라다니다 장닭에게 쫓겨 다닌 적도 있었다. 봄에는 칡과 냉이를 캐러 가고, 여름에는 사슴벌레를 잡으러 밤중에 참나무 숲을 뒤졌다.

이렇듯 아이와 직접 경험해 보면 책을 통한 지식이 더욱 생생하게 되살아난다. 인간의 사상은 그 사람의 체험 범위 이상을 넘어갈 수 없다. 어른에게는 익숙해서 별 것 아닌 일상의 모든 일들이 아이에게는 배움과 흥미의 대상이 된다.

한편 취학 전 아이들의 언어 능력은 성인의 축소판이다. 구조가 복잡한 문장을 자유롭게 구사할 수 있고, 다른 사람과 원활한 대화도 가능하다. 어휘가 폭발적으로 늘어날 뿐 아니라 새로운 의미를 표현하는 능력도 발전하게 된다.

예를 들어 '말하다, 이야기하다, 설명하다'와 같은 다양한 단어를 사용하여 의사 소통 행위를 표현한다. 발음도 정확해지고 예의바른 표현도 사용할 줄 알게 된다.

그래서 이 시기의 부모는 아이의 이야기에 적극적으로 반응해 주어야 하고, 정확한 발음, 풍부하고 논리적인 표현을 하여 아이의 언어 모델이 되어야 한다.

먼저 아이의 말에 귀를 기울이고, 대화를 원할 때는 적극적으로 응해야 한다. 아이가 말하는 것에 세심하게 주의를 기울이고 "옳지", "그렇구나" 하면서 칭찬을 해 주는 것이 좋다. 또는 아이가 관심 있어 하는 분야를 화제로 삼아 "정말 궁금한데, 엄마에게 더 이야기해 줄래?"와 같이 반응하면 아이는 더욱 신나서 부모와 대화를 나누려 할 것이다.

무엇보다도 전 생애에 걸쳐 갖게 될 학습의 기본 기술과 그에 대한 태도를 형성하기 위해서 가장 중요한 것은 책 읽는 습관을 들이는 것이다. 책 읽는 습관을 통해 배움에 대한 즐거움을 깨우친 아이들은 자기가 경험하는 것뿐만 아니라 전 역사에 걸쳐 인류의 가장 위대한 인물로부터 지식과 지혜를 배울 수 있다.

창의력이 떨어지는 것 같아요

책을 정말 좋아하는 여섯 살 남자 아이입니다. 만 42개월 정도 때부터 혼자서 책을 읽었어요. 그런데 책만 봐서 그런지 창의력이 떨어지는 것 같아요. 책을 보고 대화를 나누어 주어야 하는데 그걸 못했습니다. '21 세기는 창의력이 있어야 산다, 창의력 없이는 지식도 소용 없다, 심지어 책똑똑이가 헛똑똑이다.'라는 소리를 들으니 잠도 오지 않습니다. 남들은 모두 똑똑하다고들 하지만 그건 그냥 단순 지식에 불과한 것 같아 걱정입니다. 현재 우리 아이는 유치원에도 안 가고 거의 매일 혼자서 독서를 즐깁니다.

[ID 인영맘]

아이는 잘 크고 있는데 엄마의 걱정은 태산이군요. 창의력이란 파고 들어가는 수렴적 사고가 아니라, 하나의 생각과 연관되어 다양하게 확장해 나가는 확산적 사고를 말합니다. 창의력은 크게 다음과 같은 네가지 하위 요소를 갖고 있습니다.

첫째는 유창성입니다. 이것은 풍부한 어휘를 가지고 있다는 것으로 책을 통하지 않고는 풍부한 어휘를 얻을 수 없습니다.

둘째는 정교성입니다. 그림 하나를 그릴 때도 어떤 아이들은 두루뭉수리하게 그리지만, 어떤 아이들은 아주 세밀하고 정교하게 그립니다. 예를 들어 초록이는 그림을 그릴 때, 나무를 그리면 씨앗이 싹터 열매를 맺는 모습까지 일관되게 그렸습니다. 이렇게 그림을 그리려면 씨앗이 어떻게 싹트는지, 열매는 어떻게 맺는지에 관한 지식이 있어야 합니다.

셋째는 융통성입니다. 이것은 편견과 고집 없이 사물을 여러 각도에서 바라볼 수 있는 능력입니다. 책을 읽는다는 것은 여러 저자들의 다양한 사고와 시각을 받아들이는 과정입니다.

넷째는 독창성입니다. 지식이 없이 생각만 하면 위험합니다. 책을 통해 많은 사실을 받아들이면 그 사이의 연관성을 감지하면서 자기만의 독특한 세계관을 형성할 수 있습니다.

더불어 책과 일상의 풍부한 경험은 함께 가야 합니다. 자연에 나가 자연을 경험시키고, 책을 통해 지식을 확장해 나갈 때 살아 있는 지식이 되지요. 그러나 모든 것을 다 경험시킬 수는 없습니다. 그래서 책이 더욱 중요시되는 세상이 오고 있는 것입니다.

지식이 누적되면서 일정 단계를 넘어가면 상상할 수 없을 정도로 종횡무진 생각이 연결됩니다. 아이가 스스로 지식을 받아들일 수 있는 상태에 이르렀는데 무엇을 고민하십니까? 아름답게 성장하는 아이를 바라보면서 하루 하루를 즐기세요.

놀이를 통해 아이의
지적 발달을 촉진시킨다

아이는 엄마와 노는 과정에서 배운다. 항상 놀이가 먼저 가고 학습은 나중에 잠깐씩 하면 된다.

예를 들어 3자를 가르치고 싶으면 먼저 "3이 나비처럼 날아가네. 훨훨 날아가네. 갈매기처럼 끼룩끼룩 날아가지."라고 자연스럽게 이야기를 하며 아이와 함께 논다. 그런 다음 마지막에 "나비처럼 날아가는 숫자가 3이지." 하면서 가르쳐 준다. 충분히 놀아 주면서 풍부하게 인지시킨 다음 잠깐 학습을 넣는 것이다.

그런데 많은 엄마들은 아이에게 "이것은 3이야." 하고 주입식으로 가르치려고 한다. 아이는 "엄마, 이것은 나비 같아." 하고 상상하는데 말이다.

학습하고자 하는 마음이 앞선 엄마들은 아이가 자꾸 상상만 하면서 진도를 방해하면 "꼭 공부하다 딴소리한다."고 닦달한다. 그래서 아이를 학습과 더욱 멀어지게 만든다.

아이가 나비처럼 생겼다고 상상했다고 하자. 이럴 때 엄마가 "정말 나비처럼 생겼네. 나비처럼 생긴 것이 3이지." 하고 대답해 주면 놀면서도 훌륭하게 학습이 이루어진다.

놀면서 가르치는 것도 아이의 집중 한계를 넘어가서는 안 된다. 물론 책을 많이 읽은 아이들은 집중하는 시간이 무척 길지만, 대부분의 취학 전 아이들의 집중력은 한곳에 5분 이상 머물지 못한다. 따라서 다른 곳으로 관심이 옮겨가기 전에 놀이도 끝마쳐야 한다.

아이가 분명히 그 놀이에 열중하고 있고, 그만 두기를 싫어한다면 그때는 놀이를 계속해도 된다. 하지만 엄마의 마음속에서 놀면서라도 학습을 좀 더 하게 하고 싶어 질질 끌게 되면, 그때는 놀면서 배우는 것까지 거부할 수 있다.

아이가 그만 두겠다는 의사 표현을 하기 전에 그만 두어야 놀면서 하는 학습도 오랫동안 할 수 있다. 아이가 그만 두겠다고 말했다는 것은 이미 싫은 감정이 오랫동안 지속되었다는 것이다. 엄마는 먼저 아이의 눈빛을 보면서 아이의 마음을 읽어야 한다. 아이가 힘들거나 하기 싫으면 벌써 얼굴빛이 달라진다.

푸름이 엄마는 푸름이가 책을 읽다가 힘들어하는 모습이 조금만 보여도 그만하자고 했다. 그러면 영락없이 푸름이는 "휴우!" 하고 큰 숨을 내쉬었는데, 이것은 푸름이의 인내 한도를 넘기지 않았다는 것을 의미한다.

이 시기 아이의 놀이는 예전보다 좀 더 정교하고 복잡해진다. 말놀이를 열심히 하면 언어적인 재능이 쑥쑥 발달하고, 종이 접기나 가위로 종이 오리기 놀이를 하면 공간 지각력 같은 수학적인 사고력이 발달한다.

남자 아이의 경우 아빠가 옷을 벗고 씨름이나 레슬링 등을 하면서 놀아 주면, 남성 호르몬인 테스토스테론에 의해 발현되는 남자의 활동성을 폭력이 아닌 적극적인 행동으로 이끌어 줄 수 있다. 즉 남자 아이가 가지고 있는 넘치는 에너지를 올바른 방향으로 이끌어 남자다움을 길러 주게 된다는 뜻이다.

부모도 이제는 아이들과 노는 것을 배워야 한다. 아이들은 언제나 놀면서 무엇인가 배운다. 그러므로 가정에서의 놀이에서 무엇을 흡수하느냐는 오로지 부모가 얼마나 노는 방법을 잘 알고 잘 놀아주느냐, 또는 아이에게 혼자 놀 수 있는 방법을 얼마나 잘 가르쳐 주느냐에 따라 달라진다. 그리고 이것은 아이의 지적 발달에 지대한 영향을 끼친다.

그런데 요즘에는 아이들이 함께 놀면서 놀이를 배울 수 있는 기회가 점점 줄어든다. 따라서 부모가 먼저 아이와 노는 법을 배워서 아이에게 가르쳐 줄 필요가 있다. 또한 어른이라고 아이를 얕보는 듯한 태도를 버리고, 아이의 수준까지 내려가서 진심으로 즐겁게 놀아 주어야 한다.

아이와의 놀이는 그렇게 쉬운 일이 아니지만 재미있는 것이다. 아이와 놀면서 아이의 지적 발달을 촉진시키기도 하지만 부모도 함께 성장할 수 있기 때문이다.

책만 읽으면 산만해져요

42개월 된 우리 큰 아이로 인해 마음이 우울합니다. 다혈질의 아이로 집중력이 약하고 산만합니다. 제가 그림책을 읽자 하면 "싫어!" 하고 말합니다. 그림을 그리거나 블록 놀이 등 손으로 하는 교구 활동을 할 때면 무서우리만치 집중력이 뛰어납니다. 그런데 책을 본다든가 앉아서 눈으로 보고 귀로 듣는 것에는 영 관심이 없습니다. 듣고 있으면서도 가만히 있는 그 자체를 싫어하는 것 같습니다.

사랑하고 인정해 주며 잘 키우다가도, 그래도 책을 읽혀 학습 습관도 길러주어야지 하며 책을 읽히기 시작하면 그동안의 정성도 물거품이 되어 버린답니다. 예전에 새벽 3~4시까지 책도 읽고 놀던 아이가 이렇게 되다니 하는 생각에 마음이 답답해지기도 합니다.

요즘엔 시작한 지 얼마 안 된 미술, 은물 등 모두 좋아하는데, 책 읽히는 시간이 부족해서 그만 둘까 생각중입니다. 자칫 아이가 좋아하는 것은 다른 데 있는데 책 읽히는 것만 고집하는 건 아닌지 고민입니다.

[ID 행복맘]

엄마의 마음이 앞서 가 있습니다. 엄마는 자신의 아이가 책을 잘 읽었으면 하는 마음을 가지고 있어도 그 마음을 아이에게 들키면 안 됩니다. 그런데 어머님께서는 그 마음을 들켰을 뿐만 아니라 은연중 아이에게 책 읽기를 강요하고 있습니다. 그래서 아이는 그에 대한 저항으로 책 읽기에 집중 못하고 있는 것이지요. '예전에는 새벽 3~4시까지 책도 읽고 놀던 아이가 이렇게 되었다.'는 것은 이 외에는 다른 원인을 찾을 수가 없습니다.

책 읽기는 절대적으로 즐거움이 되어야지 학습이 되어서는 안 됩니다. 학습으로 넘어가면 아이는 그것을 억지로 해야 하므로 정신을 한 곳으로 모을 수 없습니다. 또 엄마에게 야단도 맞으므로 점점 악순환이 되어 결국에는 책 읽기를 싫어하게 됩니다.

지금의 상황에 이르게 된 것은 아이의 잘못이 아닙니다. 아이는 선택의 여지가 별로 없습니다. 주어진 환경에서 자기에게 유리한 것을 최선을 다해 선택할 뿐이지요. 엄마가 조금만 의식을 바꾸고, 조금만 더 기다려 주고 아이가 진정 원하는 것을 찾아 반응해 주면 쉽게 이루어질 일을 엄마가 힘들게 끌고 가고 있습니다.

책 읽기는 이해력, 집중력, 사물 인지 능력 등 가장 기초적인 능력을 키워 줄 수 있는 무서운 도구입니다. 책 읽기를 통해서 이런 기초 능력이 길러지면 그 위에 미술을 하든 은물을 하든 무엇이든지 빠르게 흡수해 나갑니다. 어린 시절에 여러 가지 가르치는 것도 중요하지만, 완벽하게 책 읽기가 독립되지 않았다면, 다른 활동을 부담스러워 한다면, 가능한 다른 활동에 대한 시간을 줄이세요.

아이는 기초가 충분히 다져져 있습니다. 블록 놀이 할 때는 집중하도록 내버려 두시기 바랍니다. 그리고 아이에게 책을 읽어 줄 때는 아이가 싫증 내기 전에 그만 두시고, 아주 쉽고 아이가 좋아하는 분야의 재미있는 책을 골라 읽어 주세요. 조금이라도 집중하면 칭찬해 주시는 것도 잊지 마시기 바랍니다.

유치원은 가르치는 선생님이
제일 중요하다

이 시기는 유치원을 통해 아이의 지적 능력을 기를 수 있다. 유치원을 선택할 때 부모가 먼저 고려해야 할 사항은 아이를 가르치는 선생님이다. 시설, 커리큘럼 등도 중요하지만, 선생님이 어떤 성향을 갖고 있느냐에 따라 교육의 질은 달라진다. 경험이 풍부하고 아이의 눈높이에서 가르치는 선생님, 인품이 따뜻하고 침착하며 헌신적인 선생님은 아이의 유치원 생활에 결정적인 영향을 미치게 된다.

유치원을 고를 때는 부모가 먼저 어떤 방식으로 아이를 가르치는지를 참관하는 것이 좋다. 참관할 때는 먼저 교실의 분위기를 보아야 한다. 따뜻하고 자유로운 분위기 속에서 아이들이 놀고 있으면 좋은 유치원이라 할 수 있다. 반대로 긴장되고 무서우며 도덕적인 분위기이고, 선생님이 아이들을 방 한쪽 구석에 세워

놓거나 하면 경직된 유치원이다. 그런 유치원에 사랑하는 아이를 보내는 것은 바람직하지 않다.

이전의 집에서 하던 교육과 유치원 교육이 달라 아이가 따라가지 못할 때는 유치원 선생님을 찾아가 의논해야 한다. 초록이가 처음 초등학교 부설 유치원에 들어갔을 때 집에서는 몇 시간이고 그림을 그렸는데, 유치원에서는 제한된 시간에 그림을 그려야 하므로 아예 그리려 하지 않았다.

초록이 엄마는 선생님을 찾아 뵙고 우리 교육은 어떤 결과를 바라는 것이 아니므로 당분간 여유 있게 그림을 그릴 수 있는 시간을 달라고 부탁했다. 만일 그래도 따라가지 못하면 유치원을 그만 두겠다는 말씀도 드렸다. 선생님은 그 말을 받아주셨고, 그 다음부터 초록이의 유치원 생활은 무척 즐겁고 신이 났다. 선생님의 배려가 초록이의 그림에 관한 관심을 증폭시켰고, 지금은 책 한 권의 만화를 그릴 정도로 집중력 있고 뛰어난 그림 실력을 갖게 되었다.

진정한 사랑과 배려로 아이 하나하나의 개성에 관심을 기울여 주는 선생님이 계시고, 아이를 있는 그대로 사랑하며 틀에 박힌 교육이 아닌 좀 더 창의적이며 아이가 참여할 수 있는 자유로운 교육을 하는 유치원이라면, 자녀를 맡겨도 된다.

유치원에 가기 싫어해요

여섯 살 된 우리 딸은 통문자를 조금 아는 정도의 수준이고, 언어 표현력도 떨어지며 다소 산만합니다. 유치원에 가기 싫어하는데 최근 2주 동안은 아예 가지 않았습니다.

유치원에 가기 싫어하는 이유를 물어도 특별한 이유가 없는 것 같습니다. 원감 선생님께서 5세 때보다 학습 위주의 프로그램이라 조금 힘든 것 같다고 하시며, 예쁜 인형 선물과 더불어 잘 적응할 수 있도록 돕겠다고 했습니다. 계속 보내야 할지 말아야 할지 걱정입니다.

[ID 별순이]

아이가 유치원에 가기를 원치 않는다면, 분명 이유가 있을 것입니다. 제 생각에 그 이유 중 하나는 엄마의 기준이 좁다는 것도 해당될 것 같습니다. 아이가 다소 산만하다면 엄마가 나이에 상관없이 예의 바름을 강조했거나, 아이를 엄마의 의지대로 끌고 가려는 시도를 종종 했기 때문입니다.

아이는 부모의 깊은 신뢰하에 성장합니다. 부모가 아이를 깊게 신뢰하는 것 자체가 아이에게 책임감을 키워 주는 방법입니다.

저는 다른 아이들이 다 다니니까 의무감에 유치원을 보내야 한다고는 생각지 않습니다. 물론 유치원 생활에 잘 적응한다면 유치원에 보내는 것도 반대하지 않습니다.

지금은 아이가 학습에 대한 기본적인 태도를 형성하고 학교 갈 준비를 하는 나이입니다. 그런데 통문자를 조금 아는 수준이라면 스스로 지식을 습득할 수 있는 도구를 손에 쥔 것이 아니기에, 학습 위주의 프로그램이 충분히 벅찰 수 있습니다.

엄마가 아이를 주의 깊게 관찰하여 먼저 글자를 가르치고, 책을 풍부하게 읽어 주어 아이에게 부족한 이해력, 집중력, 사고력 등을 1:1로 길러 주는 것이 바람직합니다.

교육을 남의 손에 맡길 때도 교육의 끝은 항상 엄마가 쥐고 있어야 합니다. 집에서 놀면서 자연스럽게 학습할 기회를 찾아보세요. 아이의 마음을 선물에 현혹되게 해서 유치원에 보내면, 잘못하여 배움에 대한 즐거움을 놓치게 되는 실수를 범할 수도 있습니다.

물론 종종 만나는 유치원 원장님이나 선생님 중에는 아이를 진정 사랑하고 배려하는 분들이 계십니다. 아이의 눈높이에서 바라보고 엄마와의 대화를 통해 아이의 성장을 이끌어 주시는 선생님이 계신다면, 그때는 유치원에 보내도 좋습니다.

6장

●

야단치지 않고
아이를 올바르게
키우는 방법

아이가 태어나면 부모는 아이를 어떻게 키워야
올바른지에 관한 문제에 부딪힌다.
엄마는 아빠들이 너무 엄격하다고 불평하고,
아빠는 엄마들이 너무 관대해서
아이들이 저렇게 버릇이 없다고 비난한다.
이런 마찰이 생기는 이유는
부모가 아무리 교육을 받았다 할지라도
아이를 키우는 데는 초보자이기 때문이다.

●● 아이를 올바르게 키운다는 것의 의미는 부모가 바람직하다고 생각하는 방식으로 아이가 행동하도록 이끌어가고, 부모가 바람직하지 않다고 생각하는 방식으로 아이가 행동하지 않도록 가르치는 것이다. 다시 말하면 아이들이 올바른 인격을 형성하고 예의 범절을 잘 갖추도록 하는 것을 의미한다.

하지만 많은 부모들은 이것을 아이들이 잘 되게 하기 위해 야단을 치거나 벌을 준다는 의미로 오해하는 경우가 많다. 아이를 야단 치거나 벌을 주는 것은 위협과 공포에 기초를 둔 그릇된 교육이다. 아이 스스로 자신을 바꾸어 나가고자 하는 내적 동인이 전혀 없기 때문에 점점 부모의 야단과 주의가 강화되어야 하며, 궁극적으로는 아이 행동에 아무런 변화를 가져올 수 없는 최악의 상황에 이르게 된다.

아이를 야단치거나 벌을 주는 두려움에 기초한 교육으로는 아이의 행동을 변화시킬 수 없다. 아이들의 행동은 따뜻한 사랑에 의해서만 변화한다.

올바른 아이로 키운다는 것의 최종 목표는 스스로 선택하고, 행동을 규제하며, 책임질 수 있는 방법으로 자유를 누리는, 즉 '자기 조절을 할 수 있는 성숙하고 독립된 어른'이 된다는 것이다. 이것은 아이 스스로 할 수 있는 적합한 환경을 만들어 줌으로써 아이 내면의 힘을 길러 줄 때 비로소 가능하다.

부모가 아이 내면의 힘을 길러 줄 수 있느냐 없느냐는 아이를 교육하는 데 있어 중요한 가치 판단의 기준이 된다.

아이 내면의 힘을 키우기 위한 전제 조건

아이 내면의 힘을 키우는 교육이 이루어지기 위해서는 다음과 같은 전제 조건이 충족되어야 한다.

첫째, 부모는 아이가 태어나면서 사춘기에 이르기까지 아이의 발달 단계에 대한 분명한 이해가 있어야 한다.

아이가 태어나서 72개월까지의 발달 단계에서 이야기했듯이, 아이들은 각 성장 단계마다 전혀 다른 특성을 보인다. 부모가 이러한 특성에 대해 조금만 알고 있어도 아이를 키우기가 무척 쉬워진다. 대부분의 경험 없는 부모들은 변덕스럽고 까탈스러운 아이들의 특성을 이해하지 못한다. 이러한 것들은 학교에서도 배우지 않았기 때문이다.

일반적으로 아이들은 자기 중심적이어서 자신이 원하는 것을 최우선으로 바란다. 그래서 아이들의 일상적인 행동이 어른들에게는 화가 나고 짜증스럽게 느껴지는 것이다.

아이들은 싸움에 지고 와서는 울며 화를 내고, 놀러 가려고 방을 나설 때는 전등이나 텔레비전을 꺼야 한다는 생각을 하지 못한다. 또한 집 밖에서 장난감을 가지고 논 다음 가지고 들어오라고 말을 해 주지 않으면 그냥 들어오기 일쑤이다.

아이들은 어른이 아니다. 아이들의 세계와 어른의 세계 사이에는 엄청난 지적, 정서적 차이가 존재한다. 아이들이 흥미를 느끼는 대상도 다르며, 어른들이 하는 행동과 똑같은 행동을 하고 싶어하지도 않는다.

그런데 부모들은 부모의 시각으로만 보면서 아이가 각각의 발달 단계에서 불가능할 정도의 완벽한 행동을 하기를 요구한다. 넓은 마음으로 아이를 있는 그대로 인정하고 받아들일 때, 비로소 아이는 자기 나름의 발걸음으로 성장한다.

둘째, 부모와 자식 사이에는 친밀감이 있어야 한다.

모든 교육은 친밀감 없이는 이루어질 수 없다. 부모와 자식간의 친밀감은 부모와 자식이 함께 시간을 보내면서 일상에서 쌓아가는 것이지, 하루아침에 만들어지는 것이 아니다.

부모가 매일 아이에게 무언가를 요구하고, 어떤 일을 하라고 주의를 주며, 어떤 일은 그만 두라고 잔소리를 하고, 잘못된 행동만 지적한다면, 부모와 아이는 깊고 긍정적인 정서적 유대감을 형성하지 못한다. 이것은 훗날 아이가 사춘기에 이르렀을 때 비정상적인 반항심을 불러일으키고 일탈하는 행위를 하며, 부모를 거부하게 되는 이유가 된다.

더불어 부모는 아이가 빈둥거리며 보내는 시간을 인정해야 한다. 배려와 사랑을 통해 아이를 인정하고 깊게 신뢰하면, 부모와 아이 사이에는 더할 나위 없는 친밀감이 형성된다.

셋째, 부모는 아이의 행동과 감정을 분리하여 대응해야 한다.

아이가 부모에게 자신의 감정을 표현하면 허용해 주어야 한다. 동생이 태어났을 때 "동생이 싫어요."라고 표현하는 것도 인정해 주며, 아이의 감정을 부모가 잘 이해하고 있음을 아이에게 알려 주어야 한다.

그러나 아이가 남을 때리거나, 왕따시키거나, 욕을 하거나, 물건을 부수는 것처럼 다른 아이에게 해롭거나 반사회적인 행동을 할 경우에는 일관되게 경계를 주어야 한다.

부모가 아이의 발달 단계에 따라 반사회적인 행동에 대한 적절한 규제와 한계를 두고 절도 있게 지키게 하는 것은 매우 중요한 일이다. 규제와 한계를 일관되게 적용해야 아이가 반사회적 충동에 대한 내면의 통제력을 기를 수 있다.

성장의 초기 단계에 이러한 내면의 통제력을 길러 놓지 못한 아이는 어른이 되었을 때, 의존할 수 있는 원칙이 없어 무엇이 옳고 그른지 가치 판단을 제대로 할 수 없다. 그러므로 범죄와 마약 같은 반사회적인 행동의 유혹에 쉽게 넘어갈 수 있다.

적절한 규제와 한계는 아이의 연령에 따라 나타나는 행동에 기초해서 정해진 합리적인 것이어야 하며, 적으면 적을수록 좋다.

무섭게 떼를 써서 힘들어요

7세 여아와 4세 남아를 키우고 있습니다. 요즘에 어린이집 끝나고 놀이 터에서 놀다가 집에 들어가는데, 늘 둘째는 늦게까지 놀려고 합니다. 퇴근과 동시에 데리러 가는 터라 저녁 준비도 안 되어 있고, 첫째도 배고프다고 하는데 이제까지는 둘째가 가자고 할 때까지 맞춰 주고는 했습니다. 첫째가 배고픔에 지쳐 제 등에 업혀 잠이 든 날도 있었는데 말이죠.

어제는 제가 결심해서 요즘 보는 육아서에 나온 대로 몇 시까지만 놀고 집에 갈 거라고 미리 수차례 얘기를 해주고 가자고 해봤어요. 저녁 먹고 나서 또 놀이터에 올 수도 있다고 하고요.

결과는 길바닥에 드러눕더라고요. 겨우겨우 집에 들어왔지만 손을 잡아끌고 발버둥치고 밥도 먹지 않는다고 소리 치고, 통제가 되지 않아서 즉각 훈육법이라는 걸 처음으로 써봤습니다. 그런데 너무 발버둥을 쳐서 제대로 안기도 힘들어 이불로 말아서 꼭 안고 있었답니다.

하지만 육아서와는 달리 전혀 안정이 되지 않고 실신할 것 같은 느낌마저 들더라고요. 눈이 스르르 감기며 힘이 빠지는가 싶다가 또 악을 쓰고 하기를 반복해서 꼬박 한 시간을 실랑이를 벌였지요. 다행이 밥을 먹고 기분이 풀어져 놀이터에 갔습니다. 밤 10시가 되어 집에 들어왔는데 졸리다고 짜증내던 첫째는 제 등에 업혀오고 말았네요.

대체 이럴 때는 어떻게 해야 하는 건가요?

[ID 민서민우mom]

　　아이는 부모가 하루는 허용하다 하루는 억압하면 어느 장단에 맞추어야 할지 모릅니다. 그러면 아이의 떼는 더 늘기만 하고요.

　　먼저 아이의 놀고 싶은 마음에 충분히 공감해 주세요. 그리고 엄마의 욕구도 표현하세요. 몇 시까지 놀자고 시간을 정해 주세요. 약속된 시간이 다가오면 이제 얼마 남았다는 것을 말해 주어 아이가 생각의 전환을 쉽게 할 수 있도록 도와주어야 합니다.

그리고 시간이 되면 가자고 하세요. 그러면 아이는 안 간다고 할 것입니다. 그래도 엄마는 그런 아이의 마음에 깊게 공감해 주세요. "안 가고 싶지, 더 놀고 싶지, 그래 더 놀고 싶을 거야."처럼 진심으로 아이의 마음에 공감해 주세요. 그런 후에 아이를 데려 가면 됩니다.

그래도 아이가 안 갈 거라고 버티면 그런 마음도 계속 공감해 주고 데려가세요. 그러면 아이는 감정의 상처를 받지 않습니다.

아이의 욕구도 중요하지만 엄마의 욕구도 중요합니다. 엄마가 아이를 데려갈 때 아이가 뒤집어지는 것을 보지 못해 자꾸 아이의 감정을 외면하면 아이는 더 외롭게 되고, 그에 비례하여 뒤집어지는 행동도 계속 증가할 것입니다.

해결 방법은 엄마의 진심어린 공감이라고 생각합니다.

아이의 행동을 바꾸는 힘,
칭찬과 격려로 키운다

아이의 영재성이 사라지는 가장 큰 이유는 지성과 감성의 괴리에 있다. 지성은 자기 나이보다 15~20년을 앞서갈 수 있지만, 감성은 제 나이를 먹어야 한다. 부모는 아이의 지성이 빠르게 발전할 때는 감성이 왜 중요한지 잘 모른다. 신체, 지성, 감성 중에 지성의 발달이 두드러지면, 엄마의 마음속에는 '남을 배려하는 마음이 없는 이기적인 아이라도 상관없다. 그저 똑똑한 아이로 자랐으면 좋겠다.'는 마음이 은근히 자리잡게 된다.

그때는 똑똑할지 모르지만 점점 자라면서 아이의 미운 면이 하나 둘씩 나타나기 시작하고, 부모와의 정서적 충돌이 일어나면서 대부분의 아이들은 공부에 흥미를 잃기 시작한다. 그러다 학교 공부는 물론이고 사회에 나가서도 성공하지 못한다.

아이가 공부를 하는 것은 물론 즐거움을 기반으로 해야 하겠지만, 하기 싫은 것도 묵묵히 참으면서 할 수 있는 힘이 있어야 한다. 그런데 이것은 자신의 감정을 제대로 조절할 수 있는 능력에서 나온다.

사회적으로도 자신만 똑똑한 체하는 이기적인 사람은 남들로부터 인정받지 못한다. 따라서 튼튼한 감성 위에 지성이 부여될 때 비로소 교육은 성공적으로 이루어진다.

아이의 감성을 키워 주는 방법으로는 음악을 들려주는 것, 자연에 나가서 자연을 가르쳐 주는 것, 책을 읽어 주는 것 등 여러 가지가 있지만, 공감과 칭찬, 격려만큼 적극적으로 감성을 키워 주는 방법은 없다.

무엇이든 조그만 변화를 이루었을 때, 그것을 칭찬하고 격려하면 아이는 더욱 큰 변화를 만들어 낸다. 아이의 변화를 관찰하고 진심으로 하는 칭찬과 격려는 절대 아이를 방종으로 이끌고 가지 않는다.

칭찬과 격려는 부모의 다음과 같은 원칙하에 이루어질 때 가장 효과적이다.

첫째, 지쳐 있거나 병에 걸렸거나 몸 상태가 좋지 않을 때는 책 읽기나 학습을 하게끔 하지 않는다.

아이가 아프다거나, 떠든다거나, 심통을 부리거나, 흥분하고 있을 때는 아무리 가르치거나 설교를 해도 전혀 소용이 없다.

푸름이는 어릴 때 변비가 심해 화장실에 가기 전이면 신경이 예민해지고 몹시 불안해했다. 그런 상황에서 푸름이 엄마는 책을 읽어 주지 않았다. 아침에 푹 자고 일어나서 기분이 좋을 때 등 아이의 기분을 봐 가면서 책을 읽어 주곤 했다.

둘째, 능력 이상의 것을 가르치지 않는다.

10개월밖에 안 된 아이에게 화장실 사용법을 가르치거나, 두세 살 아이에게 식당에서 조용히 앉아 있으라는 것은 발달상 부모가 아이의 능력 이상을 요구하는 것이다.

이러한 요구는 부모의 인식 부족에서 온다. 많은 부모들이 아이의 나이와 발달 단계에 따라 할 수 있는 일이 다르다는 것을 알지 못해 아이에게 무리한 요구를 한다.

두세 살 아이가 식당에서 돌아다니는 것은 당연하다. 부모는 조용히 앉아 있게 하는 것보다는 아이가 관심을 가질 만한 것을 주어 집중하게 하거나, 아이가 분별력을 가질 때까지 식당에 가는 것을 자제하는 것이 더 바람직하다.

셋째, 잘못한 것은 야단을 치기보다 관심을 주지 않는다.

아이가 잘못한 것을 야단치고 벌 주면, 그 사람을 미워하고 무서워하게 된다. 물론 아이가 큰길로 뛰어가는 것과 같이 아이의 생명과 안전에 심각한 위험을 주면 그때는 혼을 내주어도 되지만, 그것이 아니라면 아이가 잘못한 것에 대해 벌을 주어서는 안 된다. 그것보다는 오히려 잘못된 행동에는 아무런 관심을 보이지 않는 것이 아이 행동을 바꾸는 데 더 효과적이다.

예를 들어 다섯 살 된 아이가 어딘가에서 욕을 배워와 욕을 했을 때 부모가 깜짝 놀라면, 아이는 부모의 반응이 재미있어 욕을 더 하게 된다. 이럴 때는 아이가 무슨 말을 하든 모른 체하고 있어야 한다. 엄마가 반응을 보이지 않으므로 아이는 재미가 없어져 더 이상 욕을 입에 담지 않을 것이다.

넷째, 물질보다는 애정과 관심으로 보상한다.

보통 부모들은 아이가 무엇을 잘하면 그 대가로 무언가를 사준다. 예를 들어 돈을 준다고 하면, 아이는 곧바로 "엄마, 이것을 잘하면 뭐 사 줄래요?"와 같이 재조건을 요구한다. 그러면 물질이 모든 가치에 우선하므로 가치 전도 현상이 일어나는 결과를 낳는다. 그저 엄마가 한 번 쳐다봐 주는 것, 뽀뽀해 주고 안아 주는 것, 그리고 아이들과 즐겁고 재미있는 시간을 갖는 것 등이 절대적인 보상이 되어야 한다.

다섯째, 일상에서 충분히 칭찬하고 격려한다.

엄마들은 아이들이 싸우거나 시끄러울 때는 잔소리를 퍼부어 대지만, 조용히 사이좋게 지낼 때는 아무런 관심을 보이지 않는다. 이것은 아이들이 시끄러울 때만 관심을 둠으로써 오히려 그 행동을 격려하는 셈이 된다.

난폭하고 시끄러워 다루기 힘든 아이라면, 조용히 놀고 있을 때 아이 곁으로 가 머리를 쓰다듬어 주거나 꼭 껴안아 준 다음 "조용히 놀고 있는 모습이 너무 보기 좋네." 하고 말을 걸어 주면 점점 더 조심하게 된다.

마찬가지로 아이들끼리 싸울 때보다 사이좋게 놀 때 더 많은 칭찬과 격려를 해 주면 아이들의 사이는 더욱 좋아진다.

아이에게 무엇인가를 시키고 싶을 때는 '이것을 해라!', '저것을 해라!'와 같이 명령하는 것보다는 정중히 부탁하거나 할 일에 대해 미리 칭찬해 주는 것이 좋다.

우리는 푸름이 방이 지저분할 때 "푸름아, 이 방이 돼지 우리지 사람 사는 방이냐! 방 좀 치워라." 하고 명령해 본 적이 없다. 지저분해서 방을 치웠으면 하는 마음이 있으면 그때는 내가 먼저 푸름이 엄마에게 이야기를 하곤 했다. "푸름이 엄마, 푸름이는 방을 끝내주게 잘 치워요." 그러면 푸름이 엄마는 한 술 더 떴다. "푸름이는 방 치우는 데 세계적인 선수잖아요."

우리는 한 번도 푸름이를 방 치우게 하는 데 실패해 본 적이 없다. 물론 이것은 칭찬을 미끼나 조종의 도구로 사용하는 것이 아니다. 진심으로 부모가 하기 원하는 것을 이야기하고 칭찬하면 아이들은 움직인다는 것을 알기 때문이다.

여섯째, 결과보다는 과정을 구체적으로 칭찬한다.

아이가 무엇이든 조금이라도 발전을 이루어 내면 아주 구체적으로 칭찬하는 것이 좋다. 초등학교 다니던 시절 나는 세수를 하면 꼭 얼굴만 씻는 버릇이 있었다. 그래서 귀 뒷면에 항상 때가 끼곤 했는데, 어느 날 귀 뒤까지 씻고 학교에 가자 선생님께서

"귀가 깨끗해졌네. 오늘은 기쁜 날이구나." 하면서 내가 귀를 씻고 왔음을 구체적으로 칭찬해 주셨다. 그때 그 칭찬 한마디로 인해 그 뒤로는 열심히 귀를 씻고 다녔다.

많은 엄마들이 아이가 그림을 그릴 때 잘못 그린 것만 지적하는데, 그러면 아이의 그림에 대한 흥미는 더욱 떨어진다. 오로지 잘한 것만 찾아 구체적으로 칭찬해 주면, 아이의 그림 실력은 몰라보게 달라진다.

결과만 칭찬하면 아이는 불안해진다. "1등을 했구나. 잘했어."라고 칭찬하면, 아이는 다음에 1등을 못할까 불안해하고, 자꾸만 등수에 연연하며 남과 비교하게 된다. 그럴 때는 "1등을 하기 위해 정말 많은 노력을 했구나." 하고 칭찬하면 아이는 자신감을 갖고 무럭무럭 성장한다.

칭찬을 어떻게 해야 할까요?

제가 직장 다니느라 그동안 아이를 키우면서 칭찬을 남발하고 낮 동안
에는 외할머니가 오버하면서 칭찬을 많이 해주었어요. 그때마다 '이렇
게 해도 되나?' 하는 의문이 맴돌았습니다.

어떤 책에서는 칭찬을 조심히 해야 한다고 했지만, 전 그냥 무조건 칭
찬과 격려를 일관성 있게 하면서 나름 잘 양육하고 있다고 생각했어요.
그런데 EBS 교육 프로그램을 보다가 우연히 칭찬의 역효과를 알게 되
었습니다. 순간 제가 가지고 있던 칭찬에 대한 찜찜한 생각들이 확 정
리가 되는 느낌이었어요.

아이에 대한 칭찬을 어떻게 하면 될까요?

[ID 찬이맘]

칭찬은 잘한 행동에 대한 보상입니다. 칭찬을 잘하면 아이는 행동을
더 잘할 수 있습니다. 아이가 무엇이라도 조금 잘한 일이 있다면 구체적으
로 칭찬해 주는 것이 좋습니다.

그런데 결과를 칭찬하면 아이는 계속 결과에만 연연하게 되어 칭찬이
오히려 해가 될 수 있습니다. 더불어 잘못 하면 칭찬이 아이를 조종하는 데
이용될 수도 있답니다.

칭찬을 통한 조종은 아이를 외부화시킵니다. 외부화란 아이가 자신의
존재를 사랑받아 자신이 사랑받을 존재임을 아는 것이 아니라, 부모에게
칭찬받을 행동을 했을 때만 자신의 존재가 가치 있다고 생각하는 것입니
다. 슬픈 일이 아닐 수 없지요.

이런 경우에 아이는 칭찬에 연연하게 됩니다. 그래서 칭찬을 통한 부모
의 조종이 무의식적으로도 종종 일어나곤 합니다.

자신의 존재가치가 내면에 있는 것이 아니라 외부에 있으면 그 아이는
인생에 쉼이 없게 됩니다. 살면서 쉼 없이 칭찬받을 일만 해야 하는 것이지

요. 업적은 이루어낼 수 있지만 아이의 영혼에 평온함과 자유로움이 깃들 수 없습니다.

부모의 칭찬이 조종의 마음에서 출발한 것이 아니라, 아이가 고유한 존재가 되는 과정에서 행한 것들을 그대로 인정하고 그 노력한 과정을 칭찬해 주는 것이라면, 아이는 온전하게 자신을 사랑하는 사람으로 잘 자랄 수 있습니다.

교육에는 항상 양면성이 있습니다. 어느 것이 부각되느냐에 교육은 완연히 달라지기도 하지요. 아이에게 칭찬을 잘만 사용하면 긍정적인 효과가 매우 큽니다. 칭찬을 받아 보지 못한 아이는 칭찬받기 위해 평생을 매달릴 수도 있으니 유념해야 합니다.

건강하고 온전한 자아를 길러 준다

칭찬과 격려는 결국 아이의 마음속에 있는 자신의 이미지인 자아를 변화시켜 아이의 행동을 바람직한 방향으로 이끌어 내는 하나의 방법이다.

아이를 올바로 키우기 위한 최종 목적이 '자기 조절을 할 수 있는 독립적이고 성숙한 인격체를 가진 어른'이 되게 하는 것이라면, 부모는 아이의 건강하고 온전한 자아를 길러 주는 데 더욱 집중해야 한다. 이러한 자아를 길러 줄 수 있는 구체적인 방법을 소개해 본다.

첫째, 아이에게 적합한 환경을 만들어 준다.

건강하고 온전한 자아를 길러 줄 수 있는 가장 손쉬운 방법은 아이에게 적합한 환경을 만들어 줌으로써 야단맞을 기회를 최소한으로 줄이는 것이다. 집 안이 아이가 만지면 안 되는 도구로 가득 차 있으면 아이는 매일 야단을 맞으면서 자라게 된다.

그런데 부모가 그런 위험한 도구들을 치워 버리고, 아이가 흥미를 가질 수 있는 재미있는 책이나 도구로 가득 채운다면, 아이는 그런 것에 몰입하면서 부모에게 숨을 쉴 여유를 준다.

마찬가지로 아이를 데리고 오랜 시간이 걸리는 자동차 여행을 갈 때, 아이가 놀 수 있는 놀이 도구나 책을 가지고 간다든가, 퀴즈나 끝말 잇기 놀이 같은 다양한 게임을 하면서 가면 정말 효과적이다. 자동차 안에서 아이들끼리 싸움을 벌이거나 고함을 지르는 엉망진창의 여행은 피할 수 있다. 이것은 부모가 좀 더 섬세하게 아이에게 적합한 환경을 조성해 줌으로써 아이를 키우는 과정에서 발생하는 문제를 줄이는 현명한 방법이다.

둘째, 개성을 존중하고 혼자 해 볼 수 있는 기회를 준다.

아이들은 각자 다른 기질을 가지고 태어난다. 같은 부모에게서 태어났는데 어떻게 첫째와 둘째의 기질이 저렇게 다를까 궁금해하는 엄마들이 많은데, 가족 중에서 어느 위치에 존재하느냐에 따라 주어지는 환경이 다른 이유도 있다.

첫째는 첫째라서 부모가 독점적이고 무한정한 사랑을 쏟는다. 또 경험이 부족하기 때문에 무엇이든지 조심하며 아이를 좀 더 엄격한 보호 안에서 키우게 된다. 그래서 아이는 믿음직하게 성장하지만 융통성은 부족하다.

반면 둘째는 자기 위로 형제가 있으므로 부모로부터 언제나 사랑을 쟁취해야 하는 입장이다. 부모는 첫째를 키운 경험이 있으므로 아이를 자유롭게 놓아 키우기 때문에 둘째는 훨씬 애교도 풍부하고 현실적이며 첫째보다 융통성이 많다. 하지만 여기에 셋째까지 있게 되면, 둘째는 '첫째 아이'로서의 유리한 점도 '막내 아이'로서의 유리한 점도 사라지게 되며, 가운데 아이로서의 비애를 맛보게 된다.

이처럼 형제라도 자라는 환경이 다르므로 부모는 아이의 개성을 잘 관찰하여 각각의 아이에게 적합한 방식으로 키워야만 강하고 훌륭한 자아를 길러 줄 수 있다.

또 한 가지 중요한 점은 아이 스스로 해 보고 싶을 때는 아무런 방해 없이 혼자서 해 보는 기회를 주는 것이다.

아이가 숟가락을 쥐고 혼자서 밥을 먹고 싶어하면 아이의 손에 숟가락을 쥐어 주고 혼자 먹도록 격려한다. 아이는 숟가락을 다룸으로써 자기 조절을 배우는 것이다.

그런데 엄마가 지레 아이가 혼자 먹지 못할 것을 염려하여 아이 입에 넣어 주다 보면, 아이는 모처럼 자립심과 자기 조절을 배우려는 기회를 놓치게 된다. 부모가 해 주면 훨씬 빠르고 편하겠지만, 아이가 스스로 해 볼 수 있는 기회를 자꾸 주고, 부모가 옆에서 참을성 있게 기다려 주는 것이 아이의 자아 개념 성장에 훨씬 큰 도움이 된다.

셋째, 부모가 좋은 본보기를 보여 준다.

아이에게 있어 부모는 따라 하고 싶은 강력한 모델이다. 따라서 아이가 가지고 있는 무의식적인 모방의 힘을 이용하여 아이가 긍정적 자아 개념을 형성하도록 도와주어야 한다. 즉 부모가 적극적인 성격과 좋은 인격, 습관 등을 본보기로 보여 주면, 아이는 무의식중에 그것을 모방할 것이다.

책을 잘 읽는 아이로 키우고 싶다면 부모가 책 읽는 모습을 보여 주면 된다. 성취욕 있는 아이로 키우고 싶다면 부모가 하려고 마음 먹었던 일을 단념하지 않고 어려움을 무릅쓰고라도 성취하는 모습을 보여 주면 된다.

아이에게 다른 사람의 권리나 감정을 존중하는 것을 가르치고 싶다면, 부모가 먼저 아이의 권리나 감정을 존중해 주면 된다.

참으로 무서운 것은 매일매일 부모가 하는 행동을 아이들이 그대로 따라하고 있다는 사실이다. 아빠가 담배를 피우면 아이들은 놀이 중에 담배 피우는 모습을 그대로 따라서 재현한다.

넷째, 부모의 사랑을 표현해 준다.

대부분의 부모들은 아이 때는 걱정도 없고 행복하다는 생각에 사로잡혀 아이가 불안감이나 공포감 등을 품고 있다는 사실을 지나쳐 버린다. 특히 부부 사이에 문제가 있을 때는, 본인들 감정에 몰입하느라 아이의 감정이 피폐되고 있다는 사실을 잊어버린다.

강연 중에 어떤 엄마가 "엄마 아빠만 안 싸우면 나도 말썽피우지 않겠다."는 말을 자기 아이가 했다면서 눈물을 글썽였다. 부부 싸움이 아이의 자아 발달을 저해한다는 사실을 잊지 말자.

아이에게 온몸으로 애정을 표현해 줌으로써 아이의 기분을 이해하고 있음을 보여 주는 것도 중요하다. 다 자랐으므로 그럴 필요가 없다고 생각하는 부모들이 많은데, 아이는 부모가 꼭 껴안아 주거나 뽀뽀해 주고, 이불을 덮어 주거나 하면서 사랑을 표현해 줄 때 부모의 애정을 느끼고, 깨달으며, 부모의 말을 믿고 따르게 된다.

어렸을 적에 부모로부터 이런 사랑의 표현을 받지 못한 사람은 부모가 되었을 때 자식에게 사랑을 표현하는 것이 어색하고 쑥스럽다. 그렇다고 마음속에만 간직하고 있으면, 아이는 부모가 자기를 사랑하고 있음을 느끼지 못한다. 아이가 아주 어릴 때부터 의식적으로 연습하고 자녀에게 사랑을 표현해 주면, 아이는 비로소 완성된 자아를 갖게 된다.

똑같은 것을 주어도 동생 것을 빼앗아요

이제 14개월 된 쌍둥이 남매입니다. 첫째가 남자 아이고, 둘째가 여자 아이입니다. 태어날 때부터 딸아이가 더 작았고 엄마도 많이 찾아서 아들은 아빠나 이모, 할머니가 많이 봤고 딸아이는 제가 많이 본 편입니다. 어느 정도 장난감을 가지고 놀 시기가 됐을 때부터 아들이 딸아이가 가지고 있는 물건을 잘 빼앗곤 했습니다.

그런데 지금은 그 정도가 너무 심한 것 같아 걱정이에요. 무엇이든 똑같은 걸 하나씩 줘도 아들은 딸이 가지고 있는 것을 빼앗고 자기 것은 놓아버립니다. 그러면 딸아이는 아들이 떨어뜨린 물건을 주워서 노는데, 그러면 아들이 또 빼앗고 자기가 가지고 있는 것을 놓아버립니다. 그렇게 계속 반복합니다.

딸아이는 기분이 좋으면 다른 걸 가지고 놀거나 그냥 줘버리는데, 화가 나면 아들을 꼬집고 물어버립니다. 점점 심해지는 아들도 걱정이고 자기 것 하나 제대로 못 갖고 포기해 버리는 딸아이도 걱정입니다.

이럴 때 어떻게 해야 할지 정말 막막합니다.

[ID 우아33]

첫째 아이가 물건을 빼앗는 것은 엄마에게 자신도 사랑해 달라는 요청이라는 것을 잊지 마시기 바랍니다. 쌍둥이를 키울 때는 고유하게 두 아이를 사랑해 주어야 하는데 그것이 물리적으로 어렵습니다. 고유하게 사랑해 준다는 것은 첫째도 둘째도 엄마가 자신을 있는 그대로 사랑해 준다는 것을 느끼는 것입니다.

있는 그대로 사랑해 준다는 것은 의식적이든 무의식적이든 사랑에 비교가 없는 상태를 말하지요. 하나 키울 때보다 둘을 함께 키울 때는 더 많은 사랑이 있어야 합니다. 적어도 네 배의 사랑을 주어야 아이들은 충족하게 됩니다. 공감도 많이 해주어야 하고요.

14개월 된 아이, 이제 자기 혼자서 움직일 수 있으니 이것저것 별것에

다 궁금증을 가지고 호기심을 발동합니다. 그리고 호기심의 대상이 되는 물건은 자기와 동일시합니다. 그래서 자기가 좋아하는 물건은 자기 혼자 독차지하려 하고 모두 자기가 가지려고 하지요.

아이의 자아 경계가 서로 침입당하지 않도록 잘 보호해 주세요. 아이는 동생 것을 빼앗는다는 생각보다 호기심이 없다가도 동생이 가지면 갑자기 호기심의 레이더가 작동하는 것뿐입니다. 하지만 다른 사람이 보면 이런 행동은 좋지 않게 보이지요.

그래서 부모는 확실하게 "이건 내 거야."를 가르쳐 나가야 할 시기이기도 합니다. 내 것 네 것을 분명하게 가르치세요. 훈련이 필요합니다.

최소한의 경계는 아이의 행동에 도움을 줍니다. 아이가 울더라도 어느 정도 인지가 되면 오히려 작은 교통 시스템이 아이가 행동하기에도 더 편안해집니다.

'자연의 결과'로 배우게 한다

아이의 자아를 높이는 중요한 방법 중 하나는 '자연의 결과'로 아이들이 스스로 배우게 하는 것이다. 많은 엄마들이 자연이 가르쳐 줄 수 있는 것을 미리 해 줌으로써 아이들이 스스로 깨닫고 배울 수 있는 기회를 박탈하고 있다.

예를 들어 아이가 늦게까지 책을 보려 해서 힘들다는 상담을 종종 받는다. 그럴 때 나는 다시 이렇게 질문한다.

"밤 늦게 책을 보는 것 때문에 무엇이 문제가 되나요?"

"아침에 못 일어나거나 꾸물거리다 유치원에 늦어요."

"유치원에 늦으면 누가 야단맞나요?"

"아이가 맞지요."

"아이가 야단맞는데 엄마가 걱정할 게 뭐 있어요?"

나의 질문은 계속된다.

"그래서요. 그래서 뭐가 어떻게 되나요?"

아이가 한두 번 늦어 선생님에게 야단을 맞았다면 그것은 아이에게 불쾌한 감정을 유발한다. 그때는 엄마에게 깨워 달라고 부탁을 하든 자기가 일찍 자든 어떤 방법을 찾게 된다.

그러나 엄마가 계속 일찍 자라고 잔소리하고, 아침에 빨리 일어나라고 채근하면, 아이는 억지로 따라오면서 스스로 하는 힘을 잃어버리고, 더 나아가 엄마와 아이의 갈등이 시작된다.

엄마가 자연의 결과로부터 자식을 지키려고만 하지 않는다면 '자연의 결과' 그 자체가 위대한 선생님으로서 아이를 가르친다. 자연의 결과가 바람직하다면 아이는 그 행동을 계속하려고 할 것이고, 바람직하지 않다면 부모가 억지로 아이를 보호하지 않는 한 아이는 스스로 그 행동을 바꾸면서 확고한 자아를 형성해 나가게 될 것이다.

자연의 결과가 아이의 생명과 안전에 관계된 거라면 부모가 끼어들어야 하지만, 그 결과가 단순히 아이에게 불쾌한 결과를 가져올 뿐이라면, 부모는 변화의 중계자로서 그저 관심을 가지고 지켜보는 것이 바람직하다.

강제로 낮잠을 재워야 할까요?

저희 아들은 20개월 전후로 낮잠을 거부했어요. 처음엔 많이 힘들었지만 원더풀 아이임을 알고는 스스로 잠잘 때까지 기다려 주려고 노력하는 편입니다. 아이 컨디션이나 제 컨디션에 따라 조절도 하고요.

그런데 정말 스스로 잠들 때까지 기다려야 하는 걸까요? 전 정말 이 부분에서 많이 힘들고 희생한다고 생각했어요. 강압적으로 재울 때도 있었지만, 그건 잘못된 방법임을 알았죠. 그런데 부정적인 환경, 정크푸드 등의 유해한 요소들로부터 아이를 보호하듯이 잠이란 것도 어른이 조절해 줘야 하지 않을까 하는 의문점이 여전히 남아 있답니다.

예를 들어 몬테소리 교육법에는 규칙과 질서를 강조하다 보니, 수면 패턴 등 아이의 생활 패턴을 조절해 줘야 한다고 하는데 몬테소리 교육법도 맞는 것 같고, 있는 그대로의 사랑과 배려 그리고 인정도 맞는 것 같고, 헷갈립니다.

[ID 바비지니]

어머님을 누가 억지로 재운다면 그 마음이 어떨까요? 반대로 생각해 보세요. 억지로 잠이 들면 편안하고 행복한 느낌 속에서 잠이 들지 못하고 잠을 자는 내내 불안정한 감정에 휩싸여 깊이 잠들지 못할 것입니다.

과연 몬테소리 여사도 규칙과 질서에 맞추어 아이를 틀에 가두라고 했을까요? 몬테소리 교육의 핵심은 아이 내면에 있습니다. 이는 아이 내면에 존재하는 위대한 힘인 '원더풀 아이'를 존중하라는 것과 같은 말입니다.

아이의 의지에 반해서 윽박지르며 혼내고 울리며 재우는 것은 당연 문제가 있습니다. 부모와의 친밀감과 조화로운 관계에서 아이가 자연스럽게 푹 잠들 수 있는 환경을 만들어 주는 것이 바람직합니다.

그러나 부모가 정한 틀 안에 아이를 강제하게 되면 아이는 자신을 믿지 못하는 낮은 자존감을 가진 존재로 성장할 위험이 있습니다.

잠이 오지 않는 아이를 억지로 자게 할 수는 없습니다. 억지로 자게 하면 아이는 자신의 감각을 믿지 못하게 되지요. 행동을 조절하려다 아이의 영혼에 상처를 줄 수 있습니다. 아이를 존재로 사랑해 주어 높은 자존감을 갖게 하고, 그 자존감이 행동을 조절하게 해야 합니다.

도인은 먹고 싶을 때 먹고 자고 싶을 때 자고 싸고 싶을 때 싸는 사람입니다. 감정의 상처를 받은 사람은 먹고 싶어 먹는 것이 아니라 감정의 상처를 먹는 것으로 대신하는 것이지요. 이는 중독입니다. 그만큼 자고 싶을 때 자는 것도 축복이지요. 잠은 억지로 재울 때 유해 요소가 됩니다. 강제하는 과정에서 감정에 상처를 받으니까요.

아이가 글을 알고 스스로 책을 읽으면 그때는 아이 옆에서 다리 한 쪽을 아이에게 맡기고 푹 주무세요. 강제하지 않고 기분 좋게 잠들 수 있는 방법을 찾아보세요. 엄마가 신의 자리에 서서 아이를 통제하지 않도록 조심하시기 바랍니다.

글을 마치며

지금까지 이 책에서 말한 내용을 따라온다면 당신의 자녀는 틀림없이 확고한 자아를 가지며, 건강하고 흔들리지 않는 성격에, 남을 배려하는 따스한 마음을 가진 아름다운 아이로 성장할 것이다.

아이가 태어나서 72개월까지 굳건한 지적·정서적 기반을 갖도록 부모가 튼튼한 기초를 다져 주면, 그 이후 아이의 성장은 이 기초 위에서 자연스럽게 이루어진다. 부모의 배려 깊은 사랑은 아이 성장의 기초를 다지는 이 만만치 않은 과정에 끊임없는 용기와 힘을 불어넣는다.

우리 부부가 푸름이와 초록이를 키워 온 근본 철학은 배려 깊은 사랑이었다. 푸름이와 초록이가 성장하여 어떤 사람이 되든 그들은 분명 이웃을 진심으로 사랑하는 사람이 될 것이라는 것만은 확신한다. 그것은 우리 부부의 가슴 한가운데 자식에 대한 사랑이 언제나 충만했고 그 사랑을 표현했기 때문이다. 이제까지 살아오면서 수많은 실수와 후회도 있었지만, 자식에 대한 사랑만은 후회가 없다.

이제 이 사랑을 전하고 싶다. 내 자식만 잘 키우는 것이 아니라 우리 모두의 자식을 잘 키우고 싶다. 30년 후 우리 모두의 자식들이 이

나라의 기둥으로 성장하여 우리가 살았던 세상과는 전혀 다른 세상을 만들 것이다.

서로를 아끼며 사랑하는, 폭력이 없는, 사회 정의가 젖과 꿀처럼 흐르는 가나안같이 정말 살맛 나는 세상을 만들어 갈 미래의 주역인 아이들과 그런 자녀들을 키우는 부모들을 만날 때마다 나는 넘치는 희망이 솟아오른다.

사랑하는 두 아들 푸름이와 초록이에게

    사랑하는 푸름아, 그리고 초록아! 아빠는 너희 둘만 보면 먹지 않아도 배가 부르단다. 아빠의 사랑을 어떻게 표현해야 할지……. 아빠가 어디에 있건 아빠의 마음은 항상 너희들에게 가 있고, 지금 무엇을 하고 있는지 느낄 수 있단다. 내 사랑하는 아들들을 떠나서는 아빠의 삶은 생각할 수 없고, 내 사랑을 표현하는 데 조금의 후회가 없기에 훗날 너희를 놔 두고 이 세상을 떠나는 날에도 아빠는 한 점 한이 없을 것 같다.

    푸름아! 이불로 너를 감싸 안고 기쁨의 노래를 부른 것이 엊그제 같은데, 너는 벌써 아빠보다 더 커서 이제는 이렇듯 흐뭇하게 너를 바라보는 시절이 왔구나! 내 아들이지만 너를 대할 때는 한 위대한 영혼을 대하는 느낌이란다. 어느 때는 내가 아빠인지, 아니면 가장 친한 친구로서 아빠의 깊은 고뇌를 함께 나누는 삶의 동반자인지 혼동할 때가 있단다. 어린 나이부터 초록이를 돌보고, 많은 사람들의 관심 때문에 힘들어할 수 있는 위치인데도 속 깊은 마음으로 오히려 부모를 위로하는 내 아들! 성품이 부드럽고 맑으며, 밝고 건강하고 유머가 풍부한 너를 볼 때마다 어떻게 우리 부부에게서 너 같은 아들이 나왔는지 그저 감사할 뿐이란다.

네가 한 분야에 몰입하는 것을 보면 어느 때는 이 아빠도 두려울 때가 있지만 최고의 성취를 이루어 내는 너를 바라볼 때마다 아빠는 자랑스러움과 기쁨이 넘쳐난다. 이제 네 삶의 주인은 너 자신이라는 것을 확고히 알고 있으며, 남을 배려하는 것이 생활화된 것을 볼 수 있기에 네 앞날을 걱정하지 않는다.

아빠는 어릴 적에 밥을 먹는 날보다 굶는 날이 많은 삶을 살아왔기에 병들고 가난하고 세상의 약자로서 힘든 삶을 살아가는 사람들을 볼 때마다 마음이 너무 아파서 내가 할 수 있는 조그만 것이라도 돕고 싶은 마음이 간절하다. 푸름이교육을 따라오는 사람이 많아질수록 감격의 눈물이 흘러내리면서 나 자신이 져야 할 짐을 기꺼이 즐거운 마음으로 져야겠다는 마음을 다시 한 번 다져 본다.

푸름아! 너는 아빠의 아들이기도 하지만 이 땅의 교육을 바꾸려 하는 모든 사람들의 아들이며 희망이기도 하다. 훗날 네가 어떤 사람이 되든 간에 세상을 이롭게 하며 아프고 고통받는 사람들을 위로하고 세상에 대해 언제나 따뜻한 시선을 잃지 않는 사람으로 커 주기를 아빠는 바랄 뿐이다.

사랑하는 초록아! 아빠는 너에게 그렇게 바라는 것이 없다. 그저 모든 것이 사랑스러울 뿐이다. 어쩜 너는 그렇게 사랑받을 것을 많이 가지고 태어났는지! 어떻게 너 같은 아이가 우리 부부에게 왔는지 신에게 감사할 뿐이다. 그림을 그릴 때도, 노래를 할 때도, 운동을 할 때도, 영어 공부를 할 때도 뭐든지 손만 대면 아빠 엄마가 깜짝 놀랄 정도로 빠르게 배우고 뛰어나게 잘하는 너의 모습을 보면서 아무런 욕심 없이 우리 아들을 있는 그대로 받아들이는 것이 오늘의 초록이를 만든 게 아닌가 싶기도 하다.

초록아, 너는 행복한 아이다. 부모가 세 명이나 있지 않니? 엄마, 아빠 그리고 푸름이 형! 엄마가 아프면 엄마를 위로하고, 음식을 먹을 때는 항상 형 것을 먼저 챙기는 우리 둘째 아들이 아빠는 자랑스럽구나!

우리 가족은 너희 둘이 있어 행복하다. 아빠가 삶의 맨 밑바닥에서 헤맬 때 희망을 잃지 않고 이를 악물며 일했던 것도 엄마의 사랑과 사랑하는 두 아들이 있어 가능했다. 너희 둘은 아빠를 성숙하게 하고, 이 아빠가 세상에서 무엇을 하며 살아가야 하는지를 분명하게 알게 해 주었다. 아빠가 어디에 가서 무엇을 하든 아빠의 사랑과 축복은 언제나 너희에게 가 있으며, 아빠의 삶의 희망과 존재는 네 엄마와 너희 둘이 있기에 의미가 있다.

사랑하는 아들들아! 최선을 다해 성실하게 살아라. 말과 행동은 언제나 그 결과를 남긴다. 주어진 시간에 충실할 때 미래는 너희에게 빛을 보일 것이다. 아빠의 삶이 지속될 때까지 너희 둘을 돌보겠지만, 부지런히 움직여 건강을 잃지 않기 바라며 이만 글을 맺을까 한다.

아들들아!
아빠는 너희들을 있는 그대로 사랑한다.

– 사랑하는 아빠가